D1718117

Bibliografische Information der Deutschen Bibliothek:
Die Deutsche Bibliothek verzeichnet diese Publikation in der
Deutschen Nationalbibliografie;
detaillierte bibliografische Daten sind im Internet über
http://dnb.d-nb.de abrufbar.

Printed in Germany

ISBN 978-3-9811876-1-8

www.edition-weiss.de

Übersee

Lateinamerika Verein e.V. (Hrsg.)

Übersee

Argentinien, Brasilien,
Chile und Deutschland

Wirtschafts- und
Beziehungsgeschichten

Lateinamerika Verein e.V. 🌐**LAV**

Vorwort

Bodo Liesenfeld
Vorsitzender des Vorstandes des Lateinamerika Vereins

6   Lateinamerika ist für viele Menschen immer noch ein Rätsel – heute mehr denn je. Zum einen verbindet man mit der Region politische und ökonomische Krisen, die allenfalls von etwas Folklore umrahmt werden. Andererseits hört man von wirtschaftlichen Erfolgen, die durchaus nachvollziehbar sind, und erlebt lateinamerikanische Staatschefs an den ersten Adressen der Welt.

Unser Blick auf Lateinamerika ist von vielen Vorannahmen verstellt, unsere Begriffe müssen wir überprüfen, und wir sollten uns fragen, ob die Realität der Länder Lateinamerikas mit unseren Wahrnehmungen übereinstimmt.

Denn Zahlen und Modelle machen keinen Sinn, solange wir sie nicht historisch einbetten, solange wir die »Abweichungen« vom eigenen Standardmodell als Defizite wahrnehmen und Erfolge als Ergebnisse einer Orientierung des »Südens« am »Norden« ansehen. Lateinamerika geht eigene Wege, die zu erforschen sich mehr als lohnt.

Doch mit Kulturknigges und Crashkursen, die häufig den ganzen Kontinent als monolithischen Block darstellen, wird man die Rätsel nicht lösen. Allem voran gilt es, den Blick in die eigene Geschichte zu werfen – wie sind unsere Bilder von Lateinamerika entstanden? Und schließlich: Wie ist Lateinamerika zu dem geworden, was wir heute erleben?

Wissenschaft und Wirtschaft arbeiten Hand in Hand in diesem Buch, um einige der Rätsel zu lösen. Die Forscher sind hoch renommierte Spezialisten als Historiker, Soziologen oder Ökonomen. Die Unternehmer und Kaufleute – Mitglieder des Lateinamerika Vereins – stellen ihre in langer Praxis erworbene Erfahrung zur Verfügung.
Gemeinsam hindern sie uns daran, schwerwiegende Fehler zu machen, wenn wir uns dazu entschließen, in die Zukunft zu investieren – in Lateinamerika.

Inhalt

Das Buch

Zahlen, Geschichte, Analysen und Erfahrung

10 **Dieses Buch** ist ein gemeinsamer Auftritt von

- Kaufleuten und Unternehmern
  in Porträts
- Wissenschaftlichen Erkenntnissen
  in Form analytischer Berichte
- Expertise derjenigen, die vermitteln
  – hier exemplarisch in Ausschnitten die
  »Länderberichte« des Lateinamerika
  Vereins

Dieses Buch will üblicherweise getrennte Bereiche zusammenführen, um – in aller Kürze – eine jeweils integrierte Darstellung der genannten Länder zu geben, dabei gegebenenfalls Kooperationswünsche zu wecken und Investitionsentscheidungen zu erleichtern und um alte – dabei hinderliche – Vorurteile zu erledigen.

Es bietet unverzichtbare historische Kenntnisse in kompakter Form für diejenigen, die keine Zeit haben, lange Kompendien zu lesen – als intellektuelle Hintergrundmelodie für erfolgreiches wirtschaftliches Handeln.

Dieses Buch ist kein »Kulturknigge«.

Geschichte und Analyse:

Die Abschnitte zur Geschichte und Entwicklung der politischen Systeme der jeweiligen Länder orientieren sich im Wesentlichen an Beiträgen aus: »Die politischen Systeme in Nord- und Lateinamerika«, hrsg. von Klaus Stüwe und Stefan Rinke, Wiesbaden 2008.

Lange Zitate, die nicht anders ausgewiesen sind, entstammen diesem Werk.

Jedes Länderkapitel enthält ferner Beiträge zu ausgewählten Aspekten, die überraschende Einblicke in den »Charakter« der einzelnen Länder gewähren – und dabei immer auch den Blick zurückwerfen auf die Geschichte unseres eigenen Denkens – des europäischen Denkens im weitesten Sinne.

Hinter die Kulissen argentinischer Selbst- und Fremdzuschreibungen führt uns die Historikerin Franka Bindernagel, die zur Erinnerungskultur deutscher Einwanderer in Argentinien promoviert. In Brasilien stellt uns der Soziologe Prof. Dr. Sérgio Costa unter anderem einen schwäbischen Funkeiro aus Rio de Janeiro vor und fragt, was »Nationalkultur« im Zeitalter der Globalisierung noch bedeuten kann. Die Ökonomin Prof. Dr. Barbara Fritz lieferte die Beiträge zur Mythenbildung in der Wirtschaftstheorie und zum Krisenmanagement der brasilianischen Regierung. Am Beispiel der Mapuche in Chile führt uns der Historiker Prof. Dr. Stefan Rinke u. a. wieder an den Anfang unseres eigenen Denkens über »Indianer« und »Fremde« im Allgemeinen, indem er erklärt, wie ein Indio aus alten Zeiten ein Fußball-Nationalsymbol wurde und welche Bedeutung seine Nachkommen heute haben.

Die Autorinnen und Autoren sind Angehörige des Lateinamerika-Instituts der Freien Universität Berlin.

Zahlen ...

Die Auszüge aus den wirtschaftlichen Länderberichten kommen vom Herausgeber, dem Lateinamerika Verein. Diese Länderberichte, die im Rahmen der »Wirtschaftlichen Mitteilungen« erscheinen, sind ausführliche, monatlich aktualisierte Informationen zu den politischen Rahmenbedingungen und zur Wirtschaftspolitik einzelner Länder. Darüber hinaus enthalten sie detaillierte Zahlenwerke, Branchennachrichten und Unternehmensmeldungen.

... und Erfahrung

Die Porträts der Unternehmer, die freundlicherweise Rede und Antwort standen, sowie die systematischen Abschnitte besorgte der Verlag.

Der deutliche Schwerpunkt Brasilien ergibt sich aus der Tatsache, dass zum einen der überwiegende Teil der deutschen Auswanderer nach Brasilien ging, dass zum anderen das Land der mit Abstand größte und bedeutendste Wirtschaftspartner Deutschlands in Lateinamerika ist – abgesehen davon, dass das Land die größte deutsche Industriestadt beherbergt.

13

Allen, die zu diesem Buch beigetragen haben, sei im Namen des Herausgebers und des Verlages an dieser Stelle gedankt.

Lateinamerika Verein e.V. ⊙LAV

14 Was ist »Amerika«?

Wie es dazu kam, dass eine Erfindung für eine »Entdeckung« gehalten und bis heute »Neue Welt« genannt wird.

Die Frau sieht einen voll bekleideten Mann mit den Insignien seines Standes und seiner Position, mit Flagge und Schwert als Zeichen von Hoheit und Eroberung, dem Kreuz als Zeichen seines Glaubens und mit einem Astrolabium als Zeichen der Vermessung. Der Mann sieht eine Frau in einer Hängematte, nackt, müßig, erwartungsvoll, die er in Besitz nimmt und aus dem Schlaf der Geschichtslosigkeit erweckt, indem er ihr einen Namen gibt: Amerika.

Der Mann auf dem berühmten Kupferstich von Jan van der Straet Ende des 15. Jahrhunderts ist Amerigo Vespucci, Kartograf in den Diensten der Medici, der eine Zeitlang als der »Entdecker« der »Neuen Welt« galt. Das unbekannte Land nach sich selbst zu benennen, war freilich nicht seine Idee …

Wann genau die ersten Menschen nach Amerika kamen, wird immer noch diskutiert. Es gibt allerdings Anzeichen dafür, dass man die Besiedlungsgeschichte des Kontinents völlig neu schreiben muss. Geschah die erste Besiedlung wirklich vor 13.000 bis 18.000 Jahren? – Oder sind es doch 40.000 Jahre, wie neueste Funde nahelegen? Ist das Amazonasbecken wirklich der Inbegriff »reiner« Natur, für den wir es bislang hielten – oder tatsächlich eine von Menschen geschaffene Kulturlandschaft?

Wie dem auch sei: »Amerika« ist keine Entdeckung der Europäer, sondern ihre Erfindung. Doch heute, mehr als 500 Jahre nach der Landung des Kolumbus, werden die Gedanken neu gefasst – auch darüber, wie das »Latein« nach Amerika kam. Zahlreiche Menschen, darunter Wissenschaftler und Unternehmer, Künstler und Politiker auf beiden Kontinenten treten für eine längst überfällige Differenzierung der Perspektiven ein, für einen neuen Blick auf sich selbst und die »Anderen«, einen Blick, der auf das 500 Jahre alte Gefälle verzichtet, das die Beziehungen zwischen »Zentrum« und »Peripherie« geprägt hat und allzu oft noch bis heute prägt.

Die Darstellung des Jan van der Straet zeigt natürlich weniger die amerikanische Realität als vielmehr die europäische Vorstellung davon – die Frau »Amerika« ist die Reinkultur tief verwurzelter Projektionen des christlichen Abendlandes.

Denn in der europäisch-christlichen Kultur gilt die Frau ebenso wie der neu entdeckte Kontinent als Teil der irrationalen und sinnlichen Natur, ebenso anziehend wie beängstigend, die vom Mann, dem Kulturheros aus dem Reich der Vernunft, »entdeckt«, erobert und schließlich benannt wird. Bei dieser Eroberung werden eigene Namen, eigenes Wissen, eigene Traditionen »Amerikas« vor allem von den spanischen »Entdeckern« systematisch vernichtet. Und es werden für ein halbes Jahrtausend lang weiße Männer sein, die als einzige sprechen und definieren. Frauen, afrikanische Sklaven und Indianer haben keine Stimme.

Mit der sogenannten Aufklärung kommt der Gute Wilde, letztlich ein Geschöpf des Kolumbus, aus der Mode. Die europäische Selbstvergewisserung braucht starke Gegenbilder. Aber bereits 1557 wusste der calvinistische Hugenottenpastor Jean de Léry – er hatte einige Monate bei den Tupinamba in der Bucht von Rio de Janeiro gelebt – dass »die Amerikaner sichtbar und wirklich von bösen Geistern gepeinigt« sind, tierisch und vom Wahnsinn geschüttelt, die zudem wegen ihrer Uneinsichtigkeit in die einzige »Wahrheit« des Christentums aus eigener Schuld zum Untergang verdammt seien. Wie viele andere trägt der Calvinist ein halbes Jahrhundert nach der Reformation eine sehr europäische Debatte in die Neue Welt und vergleicht den brasilianischen »Kannibalismus« mit der katholischen Kommunion.

Durchaus in Übereinstimmung mit den Größen seiner Zeit – Montesquieu, Buffon, Voltaire – kann sich auch der Abbé Cornelius de Pauw, Mitglied des Gelehrtenkreises des preußischen Königs Friedrichs II., in seiner 1768/69 in Berlin erschienenen philosophischen Schrift über die Amerikaner kaum retten – über deren Degeneriertheit, Lasterhaftigkeit und Teufelsbesessenheit.

Außer dem Philosophen Johann Gottfried Herder widerspricht dem vor allem Alexander von Humboldt. Zwar führt auch er noch mit gönnerhaftem Gestus die »Jugend« und »Unreife« Amerikas ins Feld, um Hilfe anzubieten und dem Kontinent wieder zu dem zu verhelfen, was seine eigentlichen Möglichkeiten seien. Doch Humboldt prangert das Morden und Stehlen der

Kolonisatoren an, entreißt die Amerikaner dem Reich der Natur, in dem sein Leser und Zeitgenosse Georg Wilhelm Friedrich Hegel, Professor an der Berliner Universität, sie beließ, damit er sich zu einer Haltung versteigen konnte, die den Völkermord in Amerika mit der vermeintlichen Schwäche seiner Opfer rechtfertigt. »Von Amerika und seiner Kultur, wie sie namentlich in Mexiko und Peru sich ausgebildet hatte, haben wir zwar Nachrichten, aber bloß die, dass dieselbe eine ganz natürliche war, die untergehen musste, sowie der Geist sich ihr näherte.«

Es war auch dieses Bild vom primitiven Amerika, gegen das schließlich die Nachfahren der Kolonisatoren aufbegehrten, als es Mitte bis Ende des 18. Jahrhunderts zu Revolutionen und Unabhängigkeitskämpfen gegen die koloniale Herrschaft kam. Bis Mitte des 19. Jahrhunderts war die formale politische Unabhängigkeit Lateinamerikas vollendet – die ökonomischen Strukturen blieben kolonial. Und der Name »Amerika«, der lange Zeit den Süden des Kontinents, vor allem die Ostküste Brasiliens, meinte, dehnte sich mit der fortschreitenden Besiedlung des Nordens durch Engländer und andere Europäer auf den gesamten Doppelkontinent aus, um schließlich mit der US-amerikanischen Revolution und dem Aufstieg der Vereinigten Staaten zum Synonym für die USA zu werden. Die »Neue Welt« wurde das »New Israel«, des »auserwählten Volkes« in »God's own country«.

Was aber blieb dann für das südliche Amerika? »Hispano«- oder »Ibero«-Amerika waren negativ besetzt, sie erinnerten an die alten Kolonialmächte. Im 19. Jahrhundert entsteht der Gedanke der lateinischen Völkerfamilie, die neue Namensgebung erfolgte von Frankreich aus und wurde erst später von den Bewohnern des südlichen Amerika übernommen.

Mit dem allmählichen Verlust der Bedeutung europäischer Referenzkulturen wird inzwischen auch dieser Umstand in lateinamerikanischen Ländern neu diskutiert und weithin kritisiert, weil er die europäischen Komponenten des gemeinsamen kulturellen Erbes, das aus vielen Einflüssen besteht, überbewerte und unterderhand impliziere, dass Lateinamerika lediglich eine – nicht ganz gelungene – Kopie Europas sei. (vgl. auch »Lesen ...«, S. 41)

Die Ein-Bildungen von heute zeigen Lateinamerika entweder noch von finsteren Caudillos beherrscht oder von linken »Wirtschaftsfeinden« in den Ruin getrieben, geschüttelt von Drogenkriegen und Schuldenkrisen, übersät mit Favelas und ausufernden Megacities. Wie immer gehen Wahrheit und Zuschreibungen Hand in Hand, wobei liebgewonnene Mythen zumeist stärker sind als die Realität – die sich zudem seit einigen Jahren massiv verändert hat. Und neben den simplen Schwarz-Weiß-Malereien aus den Zeiten den Kalten Krieges erinnert der heutige Blick auf Amerika mitunter an die Begegnung des Vespucci mit der Nackten auf dem Kupferstich. Samba, Zuckerhut und Karneval beherrschen die Bilder, der sinnliche Süden ist Casino und Dauerparty für den puritanischen Norden – wie einst das ausschweifende Kuba vor Castro und seiner Revolution.

Die Caudillos sind überall verschwunden, trotz »linker Wirtschaftsfeinde« und Karneval steigt das Bruttoinlandprodukt in den meisten Ländern kontinuierlich, und trotz der Frustrationen mit der ersten Generation von Repräsentanten der Demokratie nach dem Ende der Militärdiktaturen etablierte sich überall in Lateinamerika ein starkes Engagement der Bürger für die Demokratie, die indessen mit Maßstäben einer – etwa deutschen – Parteiendemokratie nicht gemessen werden darf.

»In Lateinamerika entwickelte sich schon im 19. Jahrhundert ein Demokratieverständnis, das sich grundlegend vom europäischen unterschied. Wie Carlos A. Forment herausgearbeitet hat, zeichnete sich die Demokratie in Lateinamerika durch ihre horizontale Ausrichtung aus, d.h. die Bürger vertrauten nicht den staatlichen Institutionen, sondern den Vereinen und Vereinigungen, die sie in der Sphäre der Zivilgesellschaft selbst erfanden. Trotz der Last des kolonialen Erbes mit seiner kul-

*turellen und ethnischen Hybridität und sozialen Fragmentierung schufen
sich die Lateinamerikaner ein eigenes durchaus nationalistisches Demokratieverständnis, das die Herausforderungen der Armut, des Caudillis-
mus, der Diktaturen, des bürokratischen Autoritarismus und der staatlichen Korruption überlebte. Es basierte auf dem Vertrauen in die
Zivilgesellschaft und stellte damit schon früh, nämlich schon im ersten
Jahrhundert nach der Unabhängigkeit, eine Form der Politik dar, die
sich von europäischen und US-amerikanischen Wegen in die Moderne
radikal unterschied. Dies vertiefte sich im 20. Jahrhundert und nicht zuletzt in dessen Ausgangsphase mit der zunehmenden Schwächung des
Staates durch neoliberale Reformen und außerstaatliche Gewaltakteure.
Vor dem Hintergrund aktueller Entwicklungen wird deutlich, dass gerade der Staat in Lateinamerika anders zu verstehen ist, als nach einem
›westlichen‹ Demokratieverständnis üblich, dass vermeintlich ›staatsfer-
ne‹ oder gar ›staatsfreie‹ Räume durchaus in einer engen Wechselbezie-
hung zum politischen System als Ganzem stehen.«*

»Die politischen Systeme in Nord- und Lateinamerika«,
hrsg. von Klaus Stüwe und Stefan Rinke. Wiesbaden 2008

Doch die Kurzschlüsse und unsachgemäßen Vergleiche
nehmen kein Ende – schon gar nicht in der ohnehin ma-
geren Berichterstattung über Lateinamerika in den deutschen Medien. Figuren wie Hugo Chavez, der Linke,
Evo Morales, der Indianer, Michelle Bachelet und Cristina Kirchner, die Frauen, haben die Szene kurzfristig be-
lebt. Ansonsten bedienen die meisten Korrespondenten
die üblichen Klischees, und immer wieder wird Amerika
erfunden, anstatt es endlich einmal zu entdecken.

Der Name »Amerika« ist übrigens eine deutsche Erfindung. »Ich wüsste nicht, warum jemand mit Recht etwas dagegen einwenden könnte, diesen Erdteil nach seinem Entdecker ... Land des Americus, oder America zu nennen«, schreibt der Kartograf Matthias Ringmann in der »Cosmographiae introductio«, die er zusammen mit seinem Kollegen Martin Waldseemüller 1507 herausgegeben hatte. »Americus« war besagter Amerigo Vespucci, der Mann auf dem Bild ...

Blumenau und andere Gewächse 23

Krisen und Kriege in Europa trafen auf Fortschrittsträume
und »wissenschaftlichen Rassismus« in Lateinamerika –
beides führte viele Deutsche in diese »Neue Welt«.

Da wir immer gern wissen wollen, wer irgendwo der Erste
war, soll es gesagt sein. Der erste Deutsche in Brasilien
war Meister Johann, vulgo Johannes Varnhagen, Navi-
gator des portugiesischen Edelmannes Pedro Álvares
Cabral, der im April 1500 seine Flotte an die brasilianische Ostküste gelenkt hatte und als »Entdecker« des
Landes gilt. Meister Johann ist mithin ein Pionier. Dies
gilt sicher auch für Hans Staden, dem wir den ersten

deutschsprachigen Bericht über Brasilien verdanken. Chile sah den ersten Deutschen im 16. Jahrhundert. Er trug den schönen Namen Bartolomé Blumenthal – auf Spanisch hieß er Flores.

Die Geschichte der deutschen »Pioniere« in Spanisch- und Portugiesisch-Amerika zusammenzustellen und ihre Geschichten zu erzählen, ist ein anderes Buch. Es waren Abenteurer darunter, Räuber und Edelleute, Häuslebauer und Konzerngründer und sehr viele Forscher.

Die systematische Einwanderung nach Südamerika beginnt im frühen 19. Jahrhundert. Die jungen Staaten Lateinamerikas waren besessen von der Idee der Entwicklung ihrer Länder durch Zuwanderung; eine »Verbesserung« der eigenen Bevölkerung durch »Europäisierung« sollte das Ziel sein.

Hören wir Sérgio Costa:

»Die erste Phase, die Vorherrschaft des wissenschaftlichen Rassismus, reicht vom Ende der letzten Dekaden des 19. Jahrhunderts bis zu den 1920er- und 30er-Jahren. Im Einklang mit dem europäischen wissenschaftlichen Rassismus wird hier die angeborene Überlegenheit des europäischen Menschen angepriesen, wobei die lateinamerikanischen Nationengründer unterschiedliche Formen entwickelten, um die je lokale Bevölkerung in diesem biologischen Sinn zu europäisieren. Besonders prominent in der lateinamerikanischen Rezeption des wissenschaftlichen Rassismus waren die Ideen des deutschen Sozialdarwinisten Ernst Haeckel (1834–1919), der zu den Vorreitern der Eugenik zählt.

In Brasilien wurden seine Bücher vor allem durch die sogenannte Schule von Recife mit Sylvio Romero und Tobias Barreto an ihrer Spitze bekannt. Die Faszination der beiden, nach eigener Bezeichnung, Germanophilen für die so genannten Arier kannte keine Grenzen und eignete sich schon seinerzeit für Anekdoten.«
(siehe: »MC Gringo ...«, S. 138)

Es wurde also kräftig geworben, und das Werben traf **25** auf offene Ohren. Für Deutsche und andere Europäer gab es viele Gründe auszuwandern: Hungersnöte und Krisen, in Deutschland das Scheitern der Märzrevolution, Verwerfungen im produzierenden Gewerbe im Zuge von Industrialisierungsprozessen, Rezession und wieder Krisen nach dem ersten Weltkrieg. Wer in arger Not war, ließ sich mit »Kontrakten« auf die andere Seite des Atlantik locken, wo er in Schuldknechtschaft die Kosten der Überfahrt zurückzahlen musste. Aus Deutschland wurden insbesondere Handwerker und Ingenieure, Techniker und andere Spezialisten angeworben, die nicht selten ein besseres Los traf. Aber auch Landwirte mit Pioniergeist waren gesucht. Sie sollten das Land urbar machen – oft um den Preis oder auch zum Zweck der Vertreibung der indigenen Bevölkerung, die als primitiv, rückständig und vor allem als Entwicklungshindernis angesehen wurde.

90 Prozent der deutschen Auswanderer nach Lateinamerika gehen im 19. Jahrhundert nach Nordost-Argentinien, Paraguay, Uruguay und Süd-Chile und der überwiegende Teil nach Süd-Brasilien. Übrigens waren und sind die wenigsten Deutschen bzw. Deutschstämmigen in Südamerika Nazis oder auch nur Sympathisanten. In Brasilien etwa gab es unter den 100.000 Deutschen, die zwischen 1919 und 1933 auswanderten, 2.800 Mitglieder der NSDAP. Viele Deutschstämmige in Südamerika sind Juden, die einst vor den Nazis flohen und sich mitunter sonderbaren Zuschreibungen ausgesetzt sehen. Die Berichterstattung über diejenigen Nazis, die sich nach dem Zweiten Weltkrieg der Strafverfolgung durch Flucht unter anderem nach Südamerika entzogen, überlagert indessen das Gesamtbild.

»Die argentinischen Eliten orientierten sich hauptsächlich am romanischen Kulturkreis, insbesondere an Frankreich. Sie schätzten aber auch die Leistungen deutscher Experten«, erklärt Franka Bindernagel. »Deshalb warben sie deutsche Juristen, Militärberater, Ingenieure und Pädagogen an. Aus allen deutschsprachigen Gebieten Europas wanderten Menschen nach Argentinien ein – aus dem Deutschen Reich, aus Österreich-Ungarn, dem Wolgagebiet und der Schweiz. 1914 sollen 100.000 Deutschsprachige in Argentinien gelebt haben, 1936 rund 280.000. Zu ihnen zählten auch sozialdemokratische, liberale und jüdische Flüchtlinge, die erst vor Bismarck, später dann vor Hitler am Río de la Plata Zuflucht suchten. Wie alle Einwanderergruppen bauten sie ein dichtes Netz von Schulen, Vereinen, Wohlfahrtsorganisationen und Unternehmen auf. Außerdem vernetzten sie sich innerhalb der argentinischen Gesellschaft sowie international zwischen Europa, Süd- und Nordamerika.«

(siehe: »Argentinischer Wechselschritt«, S. 76)

In Chile sind es rund 300.000 Menschen, die von Deutschen abstammen, 20.000 sprechen Deutsch als Muttersprache. Mit der Unabhängigkeit 1810 kamen Kaufleute und Handelsreisende nach Chile, das Zentrum der deutschen Kaufleute war Valparaíso. Auch hier, wie überall, gründeten die Deutschen, sofern sie mehr als zwei waren, einen Verein: Der »Deutsche Verein zu Valparaíso« war die erste von Deutschen gegründete Institution des Landes, und noch heute gibt es in fast jeder Stadt Südchiles einen »Club Alemán«.

Der sprichwörtliche Gewerbefleiß der Deutschen trug auch in Chile zum Wirtschaftswachstum bei. In Valdivia, einem Hauptsiedlungsgebiet von Deutschen, entstanden das erste Stahlwerk Chiles, Unternehmen für Waggonbau, Holzverarbeitung, Lederherstellung sowie Werften. Bereits gegen Ende des 19. Jahrhunderts war die Stadt zum zweitgrößten Industriestandort des Landes geworden.

Auch in Brasilien wurde die deutsche Einwanderung gefördert. Der portugiesische König Dom João VI., der mit seinem Hofstaat 1808 vor Napoléon in seine brasilianische Kolonie geflohen war, begann damit. Sein Sohn, Kaiser Pedro I., und besonders schließlich sein Enkel, Dom Pedro II., führten es fort. Pedro II. war ein Freund der Technik, liebte das Neue und bemühte sich um deutsche Ingenieure und Handwerker für den Telegrafen- und Eisenbahnbau. Auch hier werden Unternehmen gegründet, Handelsniederlassungen errichtet und Vereine ins Leben gerufen, Probleme mit der Integration gab es zunächst nicht.

Die brasilianische Nationalisierungskampagne der 30er-und 40er-Jahre des 20. Jahrhunderts bringt eine Krise. Ein Teil dieser Kampagne ist das Gebot der »Mestiçagem«, der Vermischung aller mit allen, um eine »brasilianische Rasse« zu erzeugen.

Dem Gebot widersetzten sich viele, auch die Deutschen, was ihnen besonders harsche Kritik der Nationalisten einbrachte: Man warf ihnen vor, dass sie nicht katholisch fromm seien, sondern vor allem Lutheraner, die bekanntermaßen zur Säkularisierung neigen, die Frauen galten als zu emanzipiert. Sie arbeiteten, rauchten und tranken Bier in der Kneipe. Die berichterstattenden Offiziere, die die Nationalisierungsmaßnahmen beaufsichtigten, hatten fast Mitleid mit ihnen, weil ihnen ja die Freuden des »richtigen« Familienlebens entgingen.

Die meisten Deutschstämmigen in Brasilien leben in den drei südlichen Bundesstaaten Paraná, Santa Catarina und Rio Grande do Sul. Etwa 500.000 bis 600.000 Menschen – andere Quellen sprechen von 1,5 Millionen – sprechen Deutsch als Muttersprache.

Am Rande der Autobahnen findet man Hinweise auf ein »Hotel Tannenhof« oder ein Restaurant »Waldesruh«, die Ausfahrten heißen Rolandia – ein Bremer Roland steht auch hier – Novo Hamburgo oder Pomerode.

Der berühmteste deutsche Name in Brasilien aber ist »Blumenau«, nicht etwa, weil er so schön klingt, sondern weil die 250.000-Einwohner-Stadt in Santa Catarina jährlich mit rund einer Million Besuchern das größte brasilianische Massenspektakel nach dem Karneval in Rio hervorbringt: Es heißt Oktoberfest.

30 Verspielte Chance vor offener Tür?
Deutsche Wirtschaft in Südamerika

Eigentlich wäre es fast ein »Heimspiel« für Newcomer.
Seien es deutschstämmige Unternehmen, seien es Niederlassungen deutscher Unternehmen – die deutsche
Wirtschaft kann auf eine lange, organisch gewachsene
Tradition in Lateinamerika zurückblicken. So konnten
deutsche Unternehmen in einigen Branchen Spitzenpo-
sitionen erlangen und halten, etwa im Automobilbau,
bei Chemie und Pharma und natürlich bei fast allem,
was mit Maschinen zu tun hat – trotz starker Konkurrenz durch andere europäische und US-amerikanische

Wettbewerber. Auch bei Transport, Elektro, Elektronik, Telekom und Lebensmittelverarbeitung ist man traditionell stark.

In Argentinien lieferte Siemens schon 1857 einen Zeigertelegrafen, gerade einmal zehn Jahre nach der Firmengründung in Berlin, 1908 wird die erste argentinische Niederlassung als »Siemens-Schuckertwerke« für die »La Plata-Staaten Elektrizitäts Gesellschaft mbH« gegründet, und 1914 entsteht die erste Landesfabrik mit 400 Mitarbeitern. Otto Bemberg kam etwas später und gründete 1888 in Quilmes in der Provinz Buenos Aires eine Produktionsstätte für etwas, das zur Zierde der deutschen Wirtschaftskunst zählt: eine Brauerei. Die »Cervecería y maltería Quilmes« startete durch, und bereits in den 1920er-Jahren war Quilmes das beliebteste Bier in Buenos Aires. Heute ist keine Brauerei so erfolgreich wie Quilmes – und sie tut etwas, was man auch hierzulande kennt: Sie sponsert einen Fußballclub.

Der Handel mit Chile beginnt 1818, als die preußische Brigantine »Clotilde« mit einer Ladung Holz in Valparaíso anlegte. Die nächste Fahrt bringt unter der Flagge der Preußischen Seehandlung Textilien. In Valparaíso werden Kontore gegründet, wie das von Simon Herman von Post 1829, der 1834 zum Konsul von Bremen ernannt und als solcher von der chilenischen Regierung anerkannt wird. Das von ihm gegründete Unternehmen

Schutte, Post y Cia. war die erste deutsche Handelsniederlassung in Chile. Ihr folgten Firmen wie Huth, Grüming y Cia., Mutzenbacher und andere.

In Brasilien entstand der stärkste Cluster deutscher Industrie in Lateinamerika und sogar weltweit. In keiner anderen Stadt – Deutschland inklusive – gibt es mehr deutsche Unternehmen mit zusammen so vielen Beschäftigten wie in São Paulo. Schon in der ersten Hälfte des 19. Jahrhunderts hatten sich die Deutschen mit der Gründung von Handwerksbetrieben und Unternehmen hervorgetan. Sie errichteten Gerbereien, Druckereien oder Hutfabriken, und als Spezialisten in der Eisenverhüttung gelten sie als die Pioniere der brasilianischen Schwerindustrie. Um die Wende vom 19. zum 20. Jahrhundert kamen die ersten Großen aus Deutschland, erst mit Handelsniederlassungen, später mit Produktionsstätten, Bayer oder BASF etwa, viele folgten. Spektakulär ist aber die Beteiligung deutscher Unternehmen am Aufbau der brasilianischen Autoindustrie in den 1950er-Jahren.

Inzwischen sind so gut wie alle Branchen vertreten, die Mehrzahl bilden dabei nach wie vor die großen Unternehmen.

Nur in einer Branche, die gleichwohl ein boomender Zukunftsmarkt ist, sind die Deutschen noch schwach vertreten, obwohl sie darin in fast allen Bereichen unbe-

strittener Weltmarktführer sind … Überall in Lateinamerika gibt es ein enorm wachsendes Interesse an moderner Umwelt- und Energietechnologie. Hier ist der
innovative Mittelstand gefragt.

Der gute Ruf

Deutsche Unternehmen, ihre Produkte und das berufli-
che Ausbildungssystem haben in Lateinamerika einen
ausgezeichneten Ruf.

Bis in die Mitte der achtziger Jahre stiegen die deutschen Direktinvestitionen und der Außenhandel mit
Lateinamerika stetig an. Lateinamerika war – nach den
USA – die bevorzugte Region des deutschen Außen-
handels und der Unternehmensgründungen in Übersee.
Drei von vier Mark, die deutsche Unternehmen in sogenannten Entwicklungsländern investierten, flossen in
den Subkontinent, der Löwenanteil von 70 Prozent
ging nach Brasilien. 1979 waren die Bestände an deutschen Direktinvestitionen in Lateinamerika noch zehn
Mal so hoch wie diejenigen in Asien. Heute sind es nur
noch drei Mal mehr.

»Die Türen für deutsche Unternehmen sind weit offen«, sagen Unternehmer, Politiker, Verbände in Argentinien, Brasilien und Chile. Man wundert sich ein bisschen, warum sie das »Heimspiel« nicht nutzen …

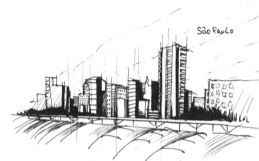

São Paulo

34 Die größte deutsche Industriestadt

Es war nichts weiter als eine Wegkreuzung im Land, durch eine Bergkette gegen Piratenangriffe geschützt und doch nahe am Meer. Dort errichtet der Jesuitenpater Manuel de Nóbrega 1554 seine Mission, am Tag der Bekehrung des Paulus von Tarsus – São Paulo. Im alten Zentrum São Paulos steht heute Nóbregas Denkmal – eines von vielen in der Gegend, hier ist auch eine Straße nach ihm benannt, eine von vielen.

Das Klima ist gemäßigt, die Erde fruchtbar, Flussläufe schaffen Verbindung. Ein Knotenpunkt der Missionsarbeit entsteht, von hier aus werden Indianer »bekehrt«, schließlich angesiedelt. Langsam wächst eine Stadt heran. Portugiesische Einwanderer ziehen im 16. und 17. Jahrhundert als Bandeirantes (»Bannerträger«) durch weite Gebiete in Zentralbrasilien, gehen aus auf Raubzug und versklaven die Indianer für die Zuckerrohrplantagen im Küstentiefland.

São Paulo wächst weiter und erhält 1711 das Stadtrecht. Der erste Reichtum kommt mit dem Kaffee, der seit Mitte des 19. Jahrhunderts in der Region angebaut wird und in einem regelrechten Boom reißenden Absatz in Europa findet. Seit 1867 führt die Eisenbahn über den Pass, der die natürliche Verbindung São Paulos mit dem Hafen Santos ist. Der brasilianische Kaiser Dom Pedro II. war ein Freund des technischen Fortschritts und unterstützte alles, was der Beschleunigung dieser Prozesse nützlich war, etwa den systematischen Ausbau des Eisenbahn- und Telegrafennetzes. Man suchte Neues. Und man brauchte Arbeitskräfte. Die erste Einwanderungswelle kam 1822 mit der Unabhängigkeit; immer noch mehr Arbeitskräfte wurden nach der Abschaffung der Sklaverei 1888 benötigt. Die Einwanderungspolitik verlief gezielt und führte viele Italiener, Deutsche, Japaner und Libanesen in die Region São Paulo. Unter den Deutschen waren Baumeister und Ingenieure, die von der Provinzregierung gern unter Vertrag genommen wurden. Andere gründeten Unternehmen – Anknüpfungspunkte für diejenigen deutschen Firmen, die sich vor rund 100 Jahren aus ihren Stammlanden am Rhein oder in Berlin nach Brasilien aufmachten, genauer: nach São Paulo, um Niederlassungen zu eröffnen. Gelegentlich begann das eine oder andere Unternehmen mit einer Repräsentanz in Rio de Janeiro, das damals die Hauptstadt Brasiliens war. Das Zentrum der Aktivitäten war aber immer São Paulo, wo alles auf Industrialisierung stand. Der Kaffeereichtum hatte Mittel akkumuliert, die einen raschen Ausbau der industriellen Infrastruktur möglich machten. Die Bevölkerung wuchs dramatisch. 1917 gab es den ersten Streik von Industriearbeitern. Bis zum ersten Weltkrieg verlief die Entwicklung rasant, deutsche Unternehmen spielten dabei eine bedeutende Rolle. Für einige von ihnen blieb während des Krieges allerdings so manche Tür verschlossen.

Heute ist São Paulo das wichtigste Wirtschafts-, Finanz- und Kulturzentrum sowie Verkehrsknotenpunkt des Landes mit Universitäten, Hochschulen, Theatern und Museen. São Paulo ist der größte industrielle Ballungsraum Lateinamerikas, ist Kern einer der größten Metropolregionen der Erde. Die Hälfte aller brasilianischen Exportgüter entstehen im Großraum São Paulo, 45 Prozent des BIP werden hier erwirtschaftet. Groß São Paulo hat mit 19,2 Millionen Menschen mehr Einwohner als ganz Nordrhein-Westfalen, Ausmaß und Zuschnitt der industriellen Struktur – Großkonzerne und Hightech – sind etwa mit Baden-Württemberg zu vergleichen. Superlative allenthalben. Wenn man São Paulo kennt, kommt einem New York dagegen winzig vor, sagen die Kenner.

Einer der Impulse für diese Entwicklung liegt ein halbes Jahrhundert zurück. In den 50er-Jahren trafen sich zwei Wirtschaftswunder – Beginn der zweiten großen Welle der Zuwanderung deutscher Unternehmen nach Brasilien, wieder vor allem nach São Paulo. Mit VW do Brasil und Mercedes-Benz (heute Daimler AG) begann die Entwicklung eines gigantischen Automobilclusters, Metall und Maschinenbau wurden weitere Schwergewichte deutscher Industrie, hinzu kamen Chemie und Pharmazie, Papiermaschinen, Energieerzeugung, Elektrotechnik, Transport und Logistik, Banken und Versicherungen …

Die Großen gingen vor, die Zulieferer folgten – man kauft am liebsten in der Nachbarschaft.

Die Wirtschaft und die Theorien

Eine kurze Geschichte der Ökonomie in Lateinamerika
Von Barbara Fritz

»Die Lateinamerikaner integrieren sich auf dreierlei Wegen
in die globalisierte Weltwirtschaft: Als Kulturschaffende, als Emigranten und als Schuldner«, sagte einmal der
argentinische Kulturwissenschaftler Néstor García Can-
clini, und Meldungen über spektakuläre Schuldenkrisen
auf dem Subkontinent riefen regelmäßig das ökonomische Feuilleton mit seinen Analysen auf den Plan.
Seit Canclinis Feststellung hat sich zwar viel geändert,
aber es hat sich noch nicht bis zu allen herumgespro-

chen. Ebenso wie die Vorstellungen über die soziopolitischen Verhältnisse ist das Bild, das man sich hierzulande über die Wirtschaft in Lateinamerika macht, an dem Punkt stehengeblieben, als man seit Ende der 80er-Jahre den Blick abwandte und nach Osten schaute.

Nach wie vor beherrschen Bilder von »Entwicklungsrückständen«, volatilen Märkten und Hyperinflation die Diskussionen in der Mainstream-Wirtschaftswissenschaft. Und die arbeiten zudem gern mit einem einfachen Erklärungsmuster: »Sie können's einfach nicht«, ist eine der wohlfeilen »Analysen«, die kontinentweit Anwendung finden. Die simple »bad governance«-These schiebt wirtschaftliche Probleme auf politisches Versagen und Machenschaften korrupter Eliten, deren Existenz indessen niemand bestreitet. Was diesen vermeintlichen Erklärungen aber fehlt, ist die historische Analyse der Situation. Denn alles hat seine Geschichte.

Viele der Staaten Lateinamerikas wurden bereits mit Schulden in die formale Unabhängigkeit entlassen. Sie waren politisch zwar frei, blieben aber gefangen in den kolonialen ökonomischen Strukturen und mussten sich zur Aufrechterhaltung ihrer Staatswesen und ihrer Ökonomien in fremder Währung verschulden. So etwas destabilisiert jede Volkswirtschaft und treibt sie in einen Teufelskreis aus Wechselkursschwankungen und Neuverschuldung.

Mit »bad governance« – wie die Theorie es will – hat dies aber erst einmal nichts zu tun. Das ist reine Ökonomie.

Dazu kommt, dass die lateinamerikanischen Eliten – ähnlich wie in den USA – ihre Staaten nie als Steuerstaat gesehen haben. Und ähnlich wie in den USA sind daher viele soziale und Infrastrukturleistungen, die in einem europäischen Kontext selbstverständliche Aufgabe des Staates sind, nicht gewährleistet. Bis heute ist das Steuerniveau in Lateinamerika in der Regel sehr viel niedriger als in europäischen Ländern. Zudem haben sich die Eliten dezentral und regional gebildet, in Hafenregionen oder in Regionen, wo man Plantagen anlegen konnte, die auf Sklavenarbeit beruhten, wo man riesigen Landbesitz in den Händen Weniger konzentrieren konnte, oder man siedelte in der Nähe von Bodenschätzen. In Argentinien war es vor allem die Viehzucht, in Brasilien waren es Zucker, Kaffee, Gold und Diamanten, in Chile Salpeter und Kupfer.

In Spanisch Amerika beherrschte eine abgeschlossene Händlerschicht mit engen Beziehungen zum Mutterland den Handel, der Charakter der Wirtschaft war geprägt von einer rigiden Oligarchie, deren Angehörige lange versuchten, die auch in Lateinamerika stattfindenden Modernisierungsprozesse mit breiterer politischer und ökonomischer Beteiligung zu verhindern und ihre eigenen Vorteile durchzusetzen. Auch dies führte dazu, dass sich in Lateinamerika nicht diejenige Art Zentralstaat herausbildete, wie wir ihn kennen.

Aber die bad governance-These bewahrt die Mainstream-Ökonomen davor, sich den Realitäten anderer Länder auszusetzen. Ökonomische Modelle, die oftmals Grundlage für »Sanierungsrezepte« waren und sind, leiden in der Regel unter einem notorischen Empiriedefizit. Und gelegentlich irritierende ›Abweichungen‹ hegt man dann als ›stylized facts‹ und ›anecdotical evidence‹ ein. *

Inzwischen ist Canclinis Beschreibung überholt. Die Länder Lateinamerikas haben vom Rohstoffboom der vergangenen Jahre profitiert und dies auch größtenteils dazu genutzt, ihre Staatshaushalte zu sanieren und Deviseneinnahmen aufzuschatzen – als Puffer gegen kommende Risiken aus der Weltwirtschaft. So kommt es, dass die Region zwar von der globalen Finanzkrise 2008/2009 ebenso wenig verschont geblieben ist wie alle anderen Länder. Aber zum ersten Mal seit Jahrzehnten wirkt sich die Krise – noch – weniger dramatisch aus als in den Industrieländern.

Und die Industrieländer könnten viel lernen von Lateinamerika, was den Umgang mit tiefen Wirtschafts- und Finanzkrisen angeht. Denn davon hatte die Region ja mehr als genug in der Vergangenheit …

*In der Regel übersieht man, dass es sich bei den »Anekdoten« vor allem um die historischen und kulturellen Grundstrukturen der jeweiligen Gesellschaft handelt – und dass Wirtschaft auch nur eine Kulturtechnik ist.

EXKURS

Lesen und sich den Boden unter den Füßen weg-
ziehen lassen

> *»Lateinamerika ist immer ein bisschen quer zu allem. Man kann es nicht in Europa hineindefinieren, man kann es aber auch nicht ganz draußen lassen. Es ist eine Legierung.«*
>
> Ottmar Ette[*]

»Literatur ist verdichtetes Lebenswissen«, spielt Ottmar **41** Ette all jenen aufs Blatt, die sich die Kultur eines Landes am liebsten durch die Lektüre seiner Bücher erschlie- ßen. In Lateinamerika ist Literatur vor allem Wissen über die Kunst des Zusammenlebens unterschiedlicher Kulturen, ein Wissen auch darüber, wie sich die eine Kultur eine andere kreativ anverwandeln kann.

Wahrheitsfähig ist das geschriebene Wort. So will es die jüdisch-christliche Tradition. Was ihr bei ihren Kontakten mit anderen kulturellen Systemen unver- ständlich blieb – wie etwa Knoten- oder Bilderschriften – konnte keine Kultur sein, keine Geschichte haben, war also frei, eliminiert zu werden. »Die weiten ameri-

[*]*Ottmar Ette ist Professor für Romanistik an der Universität Potsdam.*

kanischen Territorien mitsamt ihren ›wilden‹ Bewohnern dienten als Projektion des ›Anderen‹«, erklärt Ette den »kulturellen« Teil der kolonialen Perspektive. Unterdessen implementierte man administrative Strukturen nach europäischem schriftkulturlichem Vorbild. »Koloniale Literatur entsteht schließlich als Form, die aus Europa kam«, erzählt Ette. Doch an der »Peripherie« verändert sie sich. »Natürlich schöpft die lateinamerikanische Literatur aus der europäischen Tradition«, sagt der Romanist, »sie kopiert sie aber nicht einfach, um sich anschließend von ihr ›unabhängig‹ zu machen.«

Da aber die kulturellen Beziehungen zwischen Europa und Lateinamerika genau so asymmetrisch waren wie die politischen und ökonomischen, hat das Neue, das auch ein Teil des Alten ist, keine Rückwirkungen auf das ›Zentrum‹. Das ändert sich auch nicht mit der formalen Unabhängigkeit. Und so wie der politischen Unabhängigkeit keine wirtschaftliche entsprach, lief lange auch der Wissens- und Kulturtransfer nur in einer Richtung. Wie die ersten Chronisten zu Zeiten der Conquista, produzierten auch spätere europäische Reisende das Wissen über die »Neue Welt« selbst – Infomationen mithin, die allein den europäischen Interessen dienten. Das in Lateinamerika produzierte Wissen, seine Literatur zumal, waren nicht salonfähig. Zur politischen und ökonomischen Ausbeutung tritt die kulturelle Arroganz hinzu. »In Lateinamerika entsteht das Gefühl, zwar Teil einer Kultur zu sein, von der man aber gleichzeitig ausgeschlossen ist«, beschreibt Ette die doppelbödige Situation. Und man beginnt, Europa mit seinen eigenen kulturellen Mitteln den Spiegel vorzuhalten.

»Die Europäer verstehen ihre eigene Literatur nicht«, zitiert Ottmar Ette den Schriftsteller, der für viele zum Inbegriff der lateinamerikanischen Literatur werden sollte. »Sie verstehen ihre Literatur nicht«, sagte der Argentinier Jorge Luis Borges in einem Essay 1942, »weil sie nicht wirklich über ihre nationalen Grenzen hinaussehen«. Mithin nicht verstehen, wie Wirkung und Wechselwirkung sich ins Werk setzt.

»Jorge Luis Borges ist die Anleitung zum Selberdenken«, sagt Ottmar Ette, »und die Anleitung zum Gebrauch der Freiheit«– den beiden Grundoptionen in Borges Werk. Der Argentinier knüpft gekonnt an die europäische Tradition an, besitzt große Vertrautheit mit ihrem Innern, aber er geht nicht in ihr auf. Vielmehr kann er sie von außen in Bewegung setzen. Ette: »Das ist Freiheit.« Doch nur der Meister bricht die Form. »Freiheit heißt nicht, die Regeln nicht zu kennen.« Freiheit heißt, die Mechanik zu kennen und sie nicht anzuwenden.

Als erstes lesen wir die Ficciones – zu deutsch »Fiktionen«, eine Anleitung zum Selberdenken der besonderen Art. »Sich den Boden unter den Füßen wegziehen zu lassen, kann auch Spaß machen«, tröstet Ette die ängstlichen unter den Lesern. Denn eines der Lieblingsstilmittel Borges' ist die Täuschung, das Spielen mit dem Leser, die Vermischung von Realität und Surrealität. »Das freie Spiel der Texte mit einer immensen Vielzahl anderer Texte, das hintergründige Verwirrspiel mit Autornamen, Originalen, Kopien und Fälschungen lieferten zudem das Grundmuster für eine neue Ästhetik, die sich schließlich in den sechziger Jahren erstmals Gehör verschaffen konnte«, fasst Ette Wirkung und Wechselwirkung zusammen. In einer der Erzählungen aus den Ficciones, »Tlön, Uqbar, Orbis Tertius«, vermengen sich verschiedene Realitätsebenen, real existierende Personen werden genannt und zitiert, nichtwirkliche Elemente spielen aber eine ebenso große Rolle.

Die Erzählung »Die Bibliothek von Babel« inspirierte Umberto Eco zum Bauplan der Klosterbibliothek im Roman »Der Name der Rose«, und der blinde Bibliothekar Jorge von Burgos ist eine Reverenz an Jorge Luis Borges, der im Alter von 55 Jahren erblindete. Ficciones, eine Sammlung von Erzählungen, gilt heute als das wichtigste Werk hispanischer Prosa des 20. Jahrhunderts. Sie lösten eine Revolution aus, und ohne Borges wären bedeutende Namen der lateinamerikanischen Literatur nicht denkbar.

Es sei die Aufgabe der Philologie, einen wissenschaftlichen Betrug aufzudecken, der zu falschen Bildern über einen ganzen Kontinent geführt habe, ist Ette überzeugt. »Ich verstehe überhaupt nichts, wenn ich die Kultur ausblende und nicht alles Denkbare mitdenke.« »Die politischen und ökonomischen Theorien in ihrem autark gewordenen Diskurs werden ohne kulturelle Kenntnisse keinen Kontakt zur Realität der Länder gewinnen, über die sie ihre Urteile abgeben.« Ette kennt das Gegengift: Literatur und Selberdenken.

Ein Denkmal mit Zigarette

Das Denkmal von Carlos Gardel in Buenos Aires hat immer eine brennende Zigarette in der Hand und frische Blumen zu Füßen. Der Argentinier, der eigentlich Uruguayer war, wie er selbst zeitlebens behauptete, wahrscheinlich aber in Frankreich geboren wurde, gilt als bedeutendste Tangofigur der ersten Hälfte des 20. Jahrhunderts. Schon zu Lebzeiten mythisch verklärt, löste sein früher Tod bei einem Flugzeugunglück zahlreiche Selbstmorde aus. Sein Werk wurde 2003 von der UNESCO zum Weltdokumentenerbe erklärt. Gardel war ein Weltstar, der sich mit seinem Herzensbrecherlächeln und seiner herzzerreißenden Melancholie in der Stimme nicht nur in Argentinien verständlich machen konnte. Denn der Tango kommt aus der ganzen Welt, so wie die Argentinier aus der ganzen Welt kommen. In den Hafenvierteln am La Plata trafen sie aufeinander. In den hinteren Vierteln von Buenos Aires fanden Tanz und Musik ihre südamerikanische Gestalt, über den europäischen Umweg kam der Tango zurück in die »besseren Kreise« der argentinischen Hauptstadt. Inszenierungen werden den Touristen heute im alten Industrieviertel La Boca serviert, der Tango Argentino hat sich von dort zurückgezogen – und er hat sich längst verändert

Kleine Landeskunde

In der Bundesrepublik Argentinien leben heute 40 Millionen Menschen, davon allein 13 Millionen im Großraum Buenos Aires. Das Land ist unterteilt in 22 Provinzen, den Bundesdistrikt von Buenos Aires und das Territorium Feuerland. Traditionsreiche Provinzhauptstädte sind Mendoza und La Rioja in den westlichen Weinbaugebieten, Tucumán als Zuckerzentrum und Touristenmagnet im Norden, Córdoba mit der ältesten Universität des Landes und Santa Fe als wichtiger Binnenhafen am Paraná-Fluss.

Die Fläche des achtgrößten Landes der Erde und zweitgrößten des Kontinents beträgt 2.780.400 Quadratkilometer. Die Nord-Süd-Ausdehnung liegt bei 3.700 Kilometern, das entspricht in etwa einer Strecke von Mittelnorwegen bis Sizilien. Es

Einer der berühmtesten Titel von Carlos Gardel war »Volver«, der 2006 einem Film von Spaniens Regiemeister Pedro Almodóvar den Namen gab, und eine Zeile aus diesem Lied wurde zum geflügelten Wort:

»*Veinte años no es nada.*« – »*Zwanzig Jahre sind ein Nichts.*«

Mit dem Tango – und vielleicht etwas Rindfleisch, Gauchos, einem Musical und für eine bestimmte Art von Aussteigern neuerdings Patagonien – wäre für viele erschöpft, was man über Argentinien sagen kann, wären da nicht die sagenhaften Schulden- und andere ökonomischen Krisen, die das Land immer wieder erschüttern.

49

grenzt im Osten an den Atlantischen Ozean, im Westen an Chile, im Norden an Bolivien und Paraguay und im Nordosten an Brasilien und Uruguay. Das westliche Grenzgebiet wird von den Anden eingenommen, der längsten kontinentalen Gebirgskette der Welt, im zentralen Norden liegt der Gran Chaco, eine heiße Trockensavanne. Westlich und südlich von Buenos Aires erstrecken sich die Pampas, eine grasbewachsene Ebene, wo der größte Teil der Agrarprodukte des Landes erzeugt wird und die Weiden für die Rinder liegen, deren Fleisch nach wie vor eines der Hauptexportprodukte des Landes ist. Patagonien schließlich im Süden Argentiniens macht etwa ein Viertel der Fläche des Landes aus, ist sehr dünn besiedelt und hat ein sehr raues Klima. Landessprache ist Spanisch.

Nicht oft in seiner Geschichte erlebte Argentinien 20 Jahre ohne Krise, ohne Verwerfungen oder Katastrophen. Und viele wundern sich darüber. Ist es nicht das europäischste Land Lateinamerikas? Wie kann das alles sein?

Vor den Spaniern ...

In dem, was heute Argentinien heißt, wurde den Europäern zunächst einmal erbitterter Widerstand entgegengebracht. »Entdeckt« und besiedelt wurde die Region vor etwa 12.000 Jahren – manche Völker nomadisch lebend, andere wieder sesshaft mit Ackerbau und Viehzucht. Bis zum Eintreffen der Spanier im 16. Jahrhundert war die Region von einer großen Anzahl indigener Völker bewohnt. Eines der frühen Zeugnisse der Besiedlung ist die Cueva de los manos, die Höhle der Hände, im äußersten Süden des heutigen Argentinien. Mit 9.300 Jahren gehört sie zu den ältesten Kunstwerken Amerikas und ist heute Weltkulturerbe. Man unterteilt die indigenen Völker heute in die Andenvölker, diejenigen, die aus dem Amazonasgebiet stammen und in der Regel zu den Guaraní gehörten und diejenigen, die wohl aus Patagonien kommen, wie etwa die Mapuche, die auf den Gebieten der heutigen Staaten Argentinien und Chile leben und besonders starken Wider-

stand leisteten, (vgl. auch »Grenze als Urerfahrung
...«,S. 178) ebenso wie die Quilmes im Nordwesten Argentiniens, deren technologisch ausgefeilte, aber letztlich unwirksame Befestigungsanlage gegen die Spanier heute eine Attraktion für Forscher und Touristen ist.

Die Spanier kamen von Norden her und vom Atlantik, und ab 1580 konnten sie sich nach einem ersten gescheiterten Versuch in der »guten Luft« der La Plata-Mündung endgültig etablieren: in Buenos Aires.

Was heißt schon Staat?

Zunächst war Argentinien ein Teil des Vizekönigreichs Peru, regiert wurde in Madrid, nach außen hielt man die Kolonie abgeschottet. Die Kolonialherren bedienten sich der unterworfenen Völker als Sklaven, wobei es immer wieder zu Auseinandersetzungen kam mit den Jesuiten, die massiv in ganz Südamerika auftraten mit dem Versuch, eine Art Staat im Staat zu etablieren – in Paraguay war ihnen das auch eine Zeitlang gelungen. Die Bevölkerung dieses »Staates« sollten die indigenen Völker sein, missioniert zu anständigen Christenmenschen, ihrer ursprünglichen Kultur ledig, Arbeiter in den Reduktionen der Patres, die bald erkleckliche Überschüsse produzierten. Dafür bewahrte man sie vor der Sklaverei.

1767 wurden die Jesuiten aus Südamerika vertrieben.

Die strenge Handelspolitik Spaniens führte dazu, dass zunächst nur der Nordwesten Argentiniens von wirtschaftlicher Bedeutung war, denn der gesamte Außenhandel lief über Lima.

1776 wurde das Vizekönigreich La Plata vom Vizekönigreich Peru abgespalten, womit auch die Handelsbeschränkungen wegfielen. 1810 erklärte Argentinien seine Unabhängigkeit von Spanien, was im ganzen Land zu Befreiungsbewegungen führte. Ganz frei wurde Argentinien 1816 – und begann sich aufzulösen.

Der Staat und nur schon die Idee eines Staates konnten sich in der lose strukturierten dünnen Bevölkerung Argentiens nicht wirklich durchsetzen, zumal durch Rückgriff auf ein spanisches Muster politischer Organisation der Regionalismus stark begünstigt wurde. Staat und Territorium waren nicht dasselbe (vgl. auch: Seite 20, Zitat aus: Die poltischen Systeme …).

Zu seinem »Recht« kam der Staat allenfalls in den Städten, besonders in Buenos Aires, dessen Regierung beispielsweise die Zolleinnahmen kontrollierte. Da die wiederum im 19. Jahrhundert einen Großteil der Staatseinnahmen ausmachten, kam es zu anhaltenden Konflikten und Kriegen zwischen Buenos Aires und den anderen Provinzen. Bis heute gibt es ein starkes ökonomisches Ungleichgewicht zwischen der Hauptstadt mit dem hochurbanisierten La Plata-Gebiet und den anderen Provinzen, insbesondere im Norden des Landes.

Und so wenig, wie es in der Praxis einen Staat gab, so wenig gab es eine Gesellschaft in einem Sinne, wie es hier und heute verstanden wird. So konnten sich einige wenige den »Staat« nach ihrem Gutdünken herrichten.

»Dabei orientierten sie sich an Europa, während das eigene Landesinnere als barbarisch definiert wurde. Keine andere Vision entfaltete dabei in der politischen Öffentlichkeit Argentiniens eine derart große Wirkung wie jene der Modernisierung durch Zuwanderung. Die Förderung der Zuwanderung aus Europa wurde im 19. Jahrhundert zu einem der obersten Ziele staatlicher Politik. Durch die Migration von über sechs Millionen Menschen im Zeitraum von 1870 bis 1914, von denen die meisten aus Italien und Spanien stammten, kam es zu einem starken Bevölkerungsanstieg.«

Die meisten Einwanderer gingen aber nicht, wie erhofft, aufs Land, sondern in die Städte. Dies löste einen starken Urbanisierungsschub aus, und Buenos Aires überschritt schon 1905 die Millionengrenze.

Mit der europäischen Zuwanderung war auch neues politisches Gedankengut nach Argentinien gekommen – Anarchismus und Anarchosyndikalismus zum Beispiel – 1894 wurde aus verschiedenen Zuwanderergruppen die sozialistische Partei gegründet, die deutsche Gruppe hieß »Vorwärts«. Viele der Zuwanderer hatten aber auch in der nun beginnenden Industrialisierung erste erfolgreiche Unternehmen gegründet.

Früher Reichtum

Mit der Unabhängigkeit Argentiniens beginnt auch die eigenständige Wirtschaftsentwicklung des Landes. Seit der späten Kolonialzeit bilden Rinder und Schafe die Grundlage der Wirtschaft, später kommt Getreide hinzu. Die Viehzüchter waren reich und mächtig, sie bildeten das Fundament der »konservativen Ordnung« Argentiniens: provinzialistisch, oligarchisch, agrarisch-kommerziell.

Und sie kontrollierten die politische Klasse des Landes, die besonders aus Angehörigen freier Berufe bestand, die wiederum ein Interesse daran hatten, den »Staat« weiter auszubauen, weil sie hofften zu profitieren.

Mehr »Staat« setzte sich schließlich seit Mitte der 1880er-Jahre durch, als Zivilehe, Wehrpflicht und Schulpflicht eingeführt wurden. Nach dem Ende der konservativen, die Oligarchie begünstigende Rosas-Regierung, öffnete sich das Land nach außen. Davon profitierte insbesondere England, das zwar schon seit dem frühen 19. Jahrhundert Einfluss am La Plata hatte. Aber zu Beginn des 20. Jahrhunderts kamen sogar schließlich

60 Prozent aller ausländischen Investitionen von dort. Zu dieser Zeit gilt Argentinien als reich. (vgl. auch »Argentinischer Wechselschritt«, S. 76)

Der rasante Wandel in den Städten wirkte wie ein Zugpferd auf das ganze Land. Das Bildungssystem wurde ausgebaut, und das reiche Argentinien gab Anfang des 20. Jahrhunderts pro Schulkind doppelt so viel aus wie Preußen oder England, doch schienen die Maßnahmen nicht zum gewünschten Ergebnis zu führen. Erste Studentenunruhen waren die Folge. Es war auch die Zeit, als so etwas wie eine Medienlandschaft enstand, die Städte brachten ihr Proletariat hervor, und die stark angewachsene Mittelschicht wählte vor allem die »Unión Cívica Radical«, die den öffentlichen Dienst ausbaute – unter anderem, um für ihre Anhänger Jobs zu schaffen.

Dann kam das erste böse Erwachen.

Nach der Weltwirtschaftskrise führten die Industrieländer hohe Handelsbarrieren ein; die exportorientierte argentinische Wirtschaft – vor allem der Agrarsektor – hatte besonders stark zu leiden.

In der Folge suchte man nach »offen autoritären Politiklösungen« – der italienische Faschismus gab hier ein Beispiel. Am 6. September 1930 putschten die Militärs. Die neuen Machthaber reagierten auf die Handelsbarri-

eren ihrerseits mit einer protektionistischen Handelspolitik mit hohen Schutzzöllen und Importbeschrän-
kungen. Firmengründungen waren die Folge, und die
Wirtschaftspolitik der Importsubstitution vor allem
durch den Ausbau der Rüstungsindustrie – die sich in
erster Linie gegen den Nachbarn Brasilien richtete –
zeitigte zunächst schnelle Erfolge.

Auf die politische Kultur des Landes hatte der Militärputsch verheerende Auswirkungen. In den 30er-Jahren
zerfiel die Demokratie, Wahlbetrug hatte überhand genommen. In dieser Situation nahmen nationalistische
Strömungen zu, die vor allem auch in intellektuellen
Kreisen Rückhalt fanden; sie richteten sich nicht zuletzt
gegen die USA.

*»Das Verhältnis zu den USA gestaltet sich konfliktreich. Wie in
anderen Teilen Lateinamerikas ebenfalls stieß die nordamerikanische
Expansionspolitik seit dem späten 19. Jahrhundert in der politischen
Öffentlichkeit Argentiniens auf Ablehnung.«*

Dann kam Perón*

»Juan D. Perón, der nach dem Militärputsch von 1943 Arbeitsminister wurde und von 1946 bis 1955 als Präsident regierte, begegnete gesellschaftlicher Ungleichheit mit sozialen Reformen. Er reorganisierte das Verhältnis zwischen Staat und Arbeitern in paternalistischer Art, wertete die Gewerkschaften auf und kontrollierte sie. Nachdem er von 1936–1939 Militärattaché in Rom und Berlin gewesen war, wurde er ein Bewunderer des italienischen Faschismus. Er übernahm den populistischen Regierungsstil Mussolinis und verstand es, die argentinische Bevölkerung für sich zu begeistern. Seine Regierung setzte umfangreiche Sozialreformen um, wodurch sich die Lebensverhältnisse der unteren Bevölkerungsschicht entscheidend verbesserten. Perón sorgte für steigende Löhne, niedrige Mieten, führte Schwangerschaftsurlaub ein und verbesserte die Arbeitsbedingungen. Dadurch entschärfte er gesellschaftliche Konflikte, integrierte die Arbeiterschaft und stabilisierte das politische System. Mit seinem populistischen Regierungsstil gelang es ihm zeitweise, gesellschaftliche Kohäsion zu erzeugen. Gleichzeitig schlug er in einer Phase der Deglobalisierung nationalistische Töne an und versuchte, die weitgehend einseitig auf den Agrarexport ausgerichtete Wirtschaft zu diversifizieren. Er startete den bis dahin radikalsten Versuch, die nach wie vor ein-

57

* *Der Absatz über Juan Perón stammt von Franka Bindernagel*

flussreiche Agraroligarchie zu entmachten und forcierte die Industrialisierung des Landes – nicht zuletzt aus militärischer Rivalität mit Brasilien. Zwar scheiterte Perón in diesem Punkt, doch seine Sozialpolitik und seine Ideologie wirken bis heute nach. An der von ihm ins Leben gerufenen Bewegung des ›Justicialismo‹ orientieren und reiben sich noch heute alle Parteien.«

Schwarze Jahre

Anfangs der zweiten Amtszeit Peróns – seit 1948 – half ihm eine günstige Konjunktur, seine paternalistische Politik durchzusetzen, doch die Wirtschaftskrise ab 1950 führte dazu, dass er sein Klientel nicht mehr »versorgen« konnte. Jetzt machte sich bemerkbar, dass eine sich selbst tragende Wirtschaftsstrategie fehlte. Auch die Lockerung des protektionistischen Modells in Peróns zweiter Amtszeit mit dem Werben um ausländische Investitionen konnte die wirtschaftliche Stagnation nicht durchbrechen. Die Schwächung des Agrarsektors hatte auch eine große Landflucht zur Folge; in den Großstädten bildeten sich Elendsviertel.

1955 stürzten die Militärs die erste Regierung Perón, und es begann, was man die »dauernde Krise« des politischen Systems in Argentinien nannte. Das Land war – und ist – tief in Peronisten und Antiperonisten gespalten, und die Militärdikaturen schafften es nicht mehr, das Land zu stabilisieren. Im Gegenteil. Auf allen Seiten wuchs die Gewalt. Ende der 60er-Jahre entstand eine Guerillabewegung mit zwei Strömungen, deren Anhänger sich im Wesentlichen aus den Mittelschichten, Studenten und Freiberuflern zusammensetzten. Das Militär unterdrückte die Gegenbewegungen mit zunehmender Brutalität, weil es nicht wie andere Miltärdiktaturen die Macht nach einer gewissen Zeit wieder abzugeben bereit war, sondern weil es sich auf Dauer festsetzen und den Staat in seinem Sinne umbauen wollte.

»*Unter der dritten Militärherrschaft von 1976 bis 1983 erreichte der staatliche Griff zur Gewalt dann eine neue Dimension. In der Literatur ist bezüglich dieser Jahre vom ›Staatsterrorismus‹ die Rede. In einem ›Schmutzigen Krieg‹, den das Militär in Argentinien im Innern der Gesellschaft führte, gab es nach Schätzungen bis zu 30.000 Opfer der Gewalt. Erst die Niederlage gegen Großbritannien im Falkland/Malvinen-Krieg 1982 machte den Weg zur Wiedererrichtung einer verfassungsmäßigen Ordnung frei.*«

Zwischenstück

Erinnerungsarbeit

Kaum ein Abschnitt der Geschichte ragt so stark in die Gegenwart hinein wie die Zeit der Militärdiktatur. 30.000 Menschen sind bis heute verschwunden, viele von ihnen gefoltert und vergewaltigt. Traurige Berühmtheit erlangte der Río de la Plata, in den die Militärs viele der Gefangenen von Flugzeugen aus in den Tod stürzten. Die Militärjunta ließ sich dabei beraten von befreundeten Regierungen, die ihre Erfahrungen aus dem Vietnamkrieg und den Algerienkriegen zur Verfügung stellten. 2008 weihte das Präsidentenpaar Kirchner am bonarensischen Flussufer ein Denkmal in Erinnerung an die Toten und Verschwundenen ein. Dabei waren auch verschiedene Menschenrechtsgruppen, die einen erheblichen Anteil am Sturz der Diktatur hatten. International berühmt wurden die protestierenden Mütter der Verschwundenen, die Madres de la Plaza de Mayo.

Die Verbrechen sowie die Erinnerung an die Verschwundenen bestimmen bis heute weite Bereiche der Politik und wirken nach wie vor polarisierend. Während die einen Gerichtsprozesse gegen die Militärs unterstützen und die Vergangenheitspolitik der Präsidenten Kirchner begrüßen, möchten andere einen Schlussstrich ziehen und sich nicht mit der Vergangenheit auseinandersetzen. Längst entfalteten diese argentinischen Debatten auch internationale Wirkung, zum Beispiel in Spanien. Nach Jahrzehnten des Schweigens diskutiert die Öffentlichkeit dort über den Spanischen Bürgerkrieg und die republikanischen »Verschwundenen«.

Franka Bindernagel

Neuanfang

Mit dem politischen Neuanfang 1983 begann man auch die traditionell sehr starke Stellung des Staatspräsidenten zu überdenken, der Staatsoberhaupt, Regierungschef, Oberbefehlshaber und oberster Verwaltungsbeamter war sowie per Dekret und Notverordnung regieren konnte. Ein Konzept mit bösen Folgen – besonders während der Zeit der Militärdiktaturen war diese Machtkonzentration missbraucht worden. Doch erst 1993 konnte eine Teilung der Ämter durch Einsetzung eines Kabinettschefs erreicht werden.

Die Militärs hatten das Land heruntergewirtschaftet, die Lage war desolat. Es galt, die Verbrechen aufzuarbeiten ...

Raúl Alfonsín, der erste zivile Präsident, musste bereits 1989 zurücktreten und das Amt seinem Nachfolger fünf Monate früher als geplant überlassen. Der Peronist Carlos Meném verfolgte eine sehr liberale Wirtschaftspolitik schocktherapeutischer Ausrichtung, und die 1:1-Bindung des argentinischen Peso an den US-Dollar lief den Grundsätzen klassischer peronistischer Politik staatsdirigistischer und binnenorientierter Natur eigentlich auch entgegen. Für den Moment stabilisierte sich das Land, erholte sich auch ökonomisch; die durch die Politik der Militärs in Not geratene Bevölkerung ließ sich vorübergehend beruhigen.

Im Laufe der zweiten Legislaturperiode verkehrte sich dieser Entwicklungsgang jedoch in sein Gegenteil, und zwischen 1998 und 2002 fiel Argentinien erneut in eine schwere Wirtschaftskrise. Zahllose Menschen waren in Armut geraten, und die Privatisierungen der staatlichen Industrien und Dienstleistungen hatten zu einem Abbau von Infrastruktur geführt. Der Verkauf der Ferrocarriles Argentinos etwa führte dazu, dass zahlreiche Strecken stillgelegt wurden, was in der Folge zu Mobilitätsengpässen führte.

Die Arbeitslosenquote war von ca. sechs Prozent in den 1980er-Jahren auf fast 20 Prozent gestiegen. Argentinien hatte Ende der 1980er-Jahre eine Hyperinflation so eben überstanden und geriet in den 1990er-Jahren erneut in eine tiefe Wirtschaftskrise.

2001 erklärte die Regierung Carlos Meném den Staatsbankrott.

Nach einigen eher erfolglosen Übergangsregierungen trat der Peronist Néstor Kirchner 2003 das Amt des Staatspräsidenten an. Argentinien erlebt einen rasanten Aufschwung, insbesondere aufgrund gestiegener Rohstoffpreise. Seit 2007 ist seine Frau Cristina Kirchner argentinische Staatspräsidentin.

(Basisdaten zur argentinischen Wirtschaft im Länderbericht auf Seite 70.)

Langstrecke

»Argentinien ist ein Land mit einer großen Zukunft.«

Thomas Kropp, Lufthansa

»Das Vorderdeck des Dampfers ›Westfalen‹ nahm die von Heinkel entwickelte Großflugzeug-Schleuderanlage ein. Die ›Westfalen‹ war das erste einer Flotte von schließlich vier Hilfsschiffen.

Am 3. Februar 1934 begann der erste planmäßige Südatlantikflug. In Tempelhof startete eine Heinkel He 70 mit 43 Kilogramm Post nach Stuttgart und flog weiter über Marseille und Barcelona nach Sevilla. Eine Ju 52 übernahm die Briefpost, Zwischenlandung in Las Palmas und Villa Cisneros, Weiterflug nach Bathurst in Britisch-Gambia. Im Hafen lag die ›Westfalen‹, auf der Katapultbahn stand die ›Taifun‹, ein zehn Tonnen schweres Flugzeug vom Typ Dornier-Wal. Der schwimmende Flugstützpunkt lief aus, nahm Kurs auf Südamerika und katapultierte 36 Stunden später, um 4.05 Uhr früh, das Flugboot in die Luft. In Natal wartete bereits ein W 34 mit Schwimmern auf die ›Taifun‹, die um 17.05 Uhr landete. Minuten später startete sie mit den Postbeuteln nach Buenos Aires.«

(Geschichte der Lufthansa, Deutsche LH AG, 2005)

Abziehbilder?

Im Büro von Thomas Kropp im Berliner Lufthansa-Büro stehen vier kleine Flaggen im tief sitzenden Fenster, das auf die Friedrichstraße schaut: Eine deutsche, eine europäische, eine Lufthansaflagge natürlich und die argentinische.

Als der Leiter des Geschäftsbereichs Konzernpolitik der Lufthansa AG zum ersten Mal Buenos Aires besuchte, kam es ihm vor »wie ein Abziehbild eines Europas, das es längst nicht mehr gab«. Mit Szenerien wie in den 20er- oder 30er-Jahren – Buchläden, Cafés, Barbiere. »Es war sehr überraschend, dieses vordergründig europäische Land zu erleben, das dann aber doch etwas ganz anderes ist.«

Verwirrend fand er eine Art der kulturellen Verwandtschaft, die sich schließlich in Eigenheiten auflöst – oder wie Ottmar Ette es ausgedrückt hatte: »Lateinamerika ist immer ein bisschen quer zu allem. Man kann es nicht einfach in Europa hineindefinieren, man kann es aber auch nicht draußen lassen.« (siehe: »Lesen ...«, S. 41)

Es war 1975, als Thomas Kropp »eher zufällig« zum ersten Mal nach Argentinien kam. Einige Jahre später kehrt er als Referendar in einer Kanzlei für einige Monate nach Argentinien zurück, um schließlich 1991 als Außenstellenleiter der Konrad-Adenauer-Stiftung für vier Jahre in Buenos Aires zu arbeiten. Seine Arbeit für

SCHWIMMFLUGZEUG HE12

Lufthansa, die nach wie vor ein starkes Standbein in **65** Südamerika hat, führt ihn häufig in die Region – für Thomas Kropp fast ein Heimspiel.

»Buenos Aires ist ein Moloch mit 16 Millionen Einwohnern«, sagt er, »aber es ist eine der wenigen Städte dieser Größe, die ein echtes Zentrum haben, und es ist in jeder Hinsicht das Zentrum des Landes.«
In Buenos Aires ist der Großteil der Industrie des Landes konzentriert, 60 Prozent des argentinischen Bruttoinlandprodukts werden hier erwirtschaftet – die alte Vormachtstellung ist immer noch wirksam. Schon früh boomte die Stadt. 1913 wurde in Buenos Aires die erste

U-Bahnlinie eröffnet. Es war die erste Lateinamerikas, die erste der Südhalbkugel gar.

»Das System reicht längst nicht mehr«, weiß Kropp. Es hat wie vieles andere mit dem Wachstum nicht Schritt gehalten.

Thomas Kropp weist auf eine andere Facette der Widersprüchlichkeit des Landes hin: die schillernden Figuren der argentinischen Geschichte. Eva Perón etwa, die erste Frau des charismatischen Staatspräsidenten Juan Perón. Zuerst ein Mannequin, später Radiomoderatorin und schließlich Schauspielerin, heiratete sie Perón 1945. Sie unterstützte ihren Mann massiv im Wahlkampf 1946, betonte dabei ihre bescheidene Herkunft und sagte der Armut den Kampf an. »Das geschah allerdings um den Preis der Plünderung der bis dahin gesunden Staatskasse«, gibt Kropp zu bedenken. »Eine Politik, die Auswirkungen bis heute hat.«

Die Angehörigen der Arbeiterklasse verehrten »Evita«, von Argentiniens reicher Elite wurde sie gehasst – was hatte eine Frau, zumal ärmlicher Herkunft, in der Politik zu suchen? Ein Frauenwahlrecht hatte es bis dahin in Argentinien nicht gegeben – es wird erst 1947 auf Eva Peróns Initiative eingeführt.

Ihr früher Tod trug zur Verklärung ihrer Person bei; verewigt wurde sie in Filmen und einem Musical – don't cry for me, Argentina …

Kropp erinnert an einen anderen Argentinier, der gleichermaßen verklärt wurde und dessen Konterfei das am häufigsten reproduzierte der Welt werden sollte: der argentinische Arzt aus guter Familie Ernesto Guevara, genannt Che, was so viel heißt wie »Hallo«, der es als Befreiungskämpfer, Revolutionär, Minister in Fidel Castros Kabinett und schließlich als Märtyrer zu Weltruhm brachte.

»Es ist wichtig, die Geschichte des Landes zu kennen«, ist Kropp überzeugt. Zu viele unterschätzen seiner Ansicht nach die Heterogenität des Landes und seiner Bewohner, findet er. Schon die europäischen Zuwanderer – Italiener, Spanier, Deutsche – sind nicht homogen. Dazu kommen aber noch starke Gruppen von Arabern, Syrern und Libanesen. Mit alten Stereotypen gespickte Selbst- und Fremdzuschreibungen über »nationale« Eigenheiten werden da gern übertrieben – die Deutschen sind fleißig, die Italiener sind lebensfroh ... Eines stimmt gewiss: Auch in Argentinien haben die Deutschen viele Vereine gegründet, erzählt Kropp. Den legendären »Deutschen Klub« schon 1855, den »Club Berlin«, einen »Ruderverein Teutonia« ...

»Aber mit Stereotypen kommt man nicht weit«, warnt Thomas Kropp vor allzu schnellen Schlüssen. Gerade wenn man Geschäfte machen will, muss man sich sorgfältig vorbereiten und vor allem ein Gespür dafür haben, die Partner nicht mit einem teutonischen Sturz in die Tür zu erschrecken, weiß der erfahrene Verhandler. »Sie brauchen Geduld, sie müssen Ungewissheit aushalten, und sie brauchen Empathie«, erklärt Kropp. »Weiche« Faktoren mithin, die im Rollenbild des durchschnittlichen deutschen Managers wenig Platz haben.

»Man sollte auch niemanden ins Land schicken, der eigentlich lieber nach Tokio wollte«, sagt Kropp. Ebenso wenig seien die Euphoriker geeignet, die Afficionados und Romantiker, die vor lauter Liebe den klaren Kopf verlieren.

»Argentinien ist ein Land mit einer großen Zukunft«, ist Thomas Kropp überzeugt. »Das Land hat keine natürlichen Probleme, das Potenzial ist enorm, aber es muss erst noch ausgeschöpft werden.« Man war einmal zu schnell zu reich, vermutet er. Da schlichen sich gern vermeintliche Selbstverständlichkeiten ins Denken ein, die den Bemühungen um die notwendige Nachhaltigkeit nicht gerade förderlich seien.

Auch die Selbstverständlichkeit, Argentinien vorschnell als »europäisches« Land in Lateinamerika zu betrachten, gehört auf den Prüfstand, weiß Kropp. Er kennt die Debatten vor Ort, die längst die Frage stellen: Wie wichtig sind die europäischen Referenzkulturen von gestern wirklich noch in einem Land, das sich mehr und mehr in einem Lateinamerika von heute verortet?

Die Lufthansa

»›Sämtliche Maschinen mussten stets bis zur Höchstleistung bean-
sprucht werden‹, hieß es im Jahresbericht der Bezirksleitung Süd-
Atlantik. Nicht nur die Maschinen – auch die Besatzungen: Vor
allem die Nacht- und Blindflüge verlangten von ihnen das Äußerste.
Nachtstarts mit dem Katapult erwiesen sich als gefährlich. (…)
Doch trotz aller Schwierigkeiten – die Post erreichte pünktlich ihr
Ziel«. – Insgesamt 5.085 Kilogramm flogen Lufthansa
und Syndicato Condor Ltda., die 1927 gegründete brasilianische Tochtergesellschaft der Lufthansa. Das waren
die 30er.

Heute ist Lufthansa eine der größten Airlines der Welt.
Fracht und Post sind nicht mehr in Kilogramm zu messen. 5.200 Tonnen und 193.000 Passagiere werden täglich transportiert. In Lateinamerika ist Lufthansa Cargo
die drittgrößte Frachtlinie, zusammen mit der Tochtergesellschaft Swiss werden vier Ziele angeflogen: täglich
von Frankfurt, München oder Zürich nach São Paulo,
Caracas und Mexico City. Und schon seit 1956 fliegt
Lufthansa von Frankfurt nach Buenos Aires, derzeit fünf
Mal in der Woche.

Es ist der längste Flug der Linie – 13 ½ Stunden hin, 12 ½
zurück. Nonstop.

Die Länderberichte des Lateinamerika Vereins enthalten ausführ-liche Informationen zu Politik, Wirtschaft, Branchen und Unter-nehmen des jeweiligen Landes. An dieser Stelle ist der Länder-bericht eine Momentaufnahme und dient lediglich als Beispiel. Daher erscheinen hier nur einige wenige Komponenten. Detail-lierte Länderberichte erhalten Mitglieder des Lateinamerika Ver-eins monatlich.

Auszug aus dem Länderbericht des Lateinamerika Vereins vom Mai 2009

Basisdaten im Überblick	2007	2008	2009
BIP Wachstum -Statistikinstitut Indec: EMAE	8,7%	7,1%	4,0% P
Industriewachstum – Indec: EMI	7,5%	4,9%	2,5% P
Export-Indec	US$ 44,844 Mrd.	US$ 70,589 Mrd.	US$ 16,654 Mrd. x
Import-Indec	US$ 36,514 Mrd.	US$ 57,413 Mrd.	US$ 10,815 Mrd. x
Interbankenzins-satz Baibor 7.5. Zentralbank	7,3125%	8,3125%	10,8125%
Wechselkurs US$/Peso 7.5. Zentralbank	Arg$ 3,080	Arg$ 3,184	Arg$ 3,721
P=Prognose Regierung/X= Januar–April (vorläufig)			

Politische Rahmenbedingungen – Wirtschaftspolitik

Die argentinische Regierung setzt im Bereich der öffentlichen Dienstleistungen andere wirtschaftspolitische Akzente als in der Industrie. Während die »public utilities« einer strengen staatlichen Regelung unterliegen, versucht die Regierung, in Schwierigkeiten geratene Industrieunternehmen ohne Verstaatlichung zu retten. Die Nationale Kommission für die Verteidigung des Wettbewerbs (CNDC) untersagte **Telecom Italia**, der Hauptaktionärin von Telecom Argentina, die Ausübung ihres Stimmrechts in ihrer argentinischen Tochter. Außerdem wurden die drei italienischen Direktoren von Telecom Argentina aufgefordert, alle seit dem 9.1.2009 getroffenen Entscheidungen rückwirkend zu stornieren. Telecom Italia empfindet dies »als eine indirekte Enteignung«. (…) – Die in Argentinien ansässigen **Kfz-Teile-Hersteller** erhielten bisher subventionierte Kredite aus dem Repro-Programm in Höhe von Arg$ 600 Mio. und weitere Arg$ 200 Mio. aus den Mitteln der Pensionsfonds Anses. Auch hier steht die Erhaltung der Produktion und der Arbeitsplätze im Mittelpunkt.

71

Binnenwirtschaft – Wachstum auf niedrigem Niveau

Der Indikator der Statistikbehörde Indec für das Wirtschaftswachstum (EMAE) wies im Februar 2009 einen Zuwachs um 2,6% gegenüber dem entsprechenden Vorjahresmonat aus. Kumuliert ergab sich damit für die ersten beiden Monate d.J. ein Wachstum von 2,4%. Das waren deutlich weniger als die 8,9%

des vergleichbaren Vorjahreszeitraums. – Der Internationale Währungsfonds erwartet für 2009 einen Rückgang des BIP-Wachstums Argentiniens um 1,5%. Die Prognosen von Experten der Privatwirtschaft liegen zwischen -1,9% und -3%. Dagegen wird nach Einschätzung der UNO-Wirtschaftskommission für Lateinamerika und die Karibik das BIP Argentiniens im laufenden Jahr um 1,5% zunehmen. Die Regierung in Buenos Aires bleibt bei ihrer Prognose von 4% Wachstum.

Abschwung der Industrieproduktion

Gemäß Indec ging im März 2009 die **Industrieproduktion** Argentiniens (EMI-Index) gegenüber dem Vorjahresmonat nur noch um 0,4% zurück. Gegenüber Februar 2009 wurde sogar ein Zuwachs um 9,2% registriert. – Insgesamt ergab sich für das 1. Quartal 2009 ein Rückgang der Industrieproduktion um 2,1%. Einem stärkeren Abschwung hätten u. a. folgende Bereiche entgegengewirkt: Fleisch +79,9%, Verarbeitung von Körnerfrüchten +45,1%, Baumaterialien + 7% und Metallverarbeitung +6,9%. – Die Berechnungen des Privatsektors sind weniger positiv: Der Industrieproduktionsindex IPI-OJF des Beratungsunternehmens Orlando J. Ferreres ging im März 2009 um 7,9% nach unten und im 1. Quartal d. J. kumuliert um 9,4%. – Der argentinische Industriedachverband UIA registrierte im März einen Rückgang der Produktion des Sektors um 6,6% und im 1. Quartal sogar um 10,1%. Somit wäre die Industrieproduktion fünf Mal stärker geschrumpft, als von Indec errechnet.

Die ordentlichen **Steuereinnahmen** der argentinischen Regierung stiegen im März 2009 gegenüber dem Vorjahresmonat um 23% auf Arg$ 21,765 Mrd. an. Gleichzeitig verringerte sich aber der Primärüberschuss um 61% auf Arg$ 896 Mio. (...)

Außenwirtschaft – Handelsbilanzüberschuss ansteigend

Das Tempo des Rückgangs der Exporte verringerte sich im **Februar 2009** auf 25% (US$ 3,941 Mrd.) und im **März 2009** auf 16% (US$ 4,192 Mrd.). Dagegen blieb der Abschwung bei den Importen über der 30%-Marke: Februar US$ 2,663 Mrd. (-37%) und März US$ 2,885 Mrd. (-31%). – Kumuliert hatten damit die Exporte im **1. Quartal 2009** gegenüber dem Vorjahreszeitraum um 26% auf US$ 11,863 Mrd. abgenommen. Daran waren Rohstoffe mit 18% beteiligt, Erzeugnisse der Agroindustrie mit 39%, Industrieprodukte mit 31% und der Bereiche Treibstoffe/Energie mit 12%. Die Importe verringerten sich deutlich stärker um 36% auf US$ 8,307 Mrd. Dadurch lag der **Handelsbilanzüberschuss** von US$ 3,556 Mrd. über dem Vorjahreswert von US$ 3,183 Mrd. Bei den Importen ergab sich folgende Aufteilung: Zwischenprodukte 35%, Kapitalgüter 23%, Teile und Zubehör für Kapitalgüter 18%, Konsumgüter 14%, Pkw 6% sowie Treib- und Schmierstoffe 4%.

China: Ende März 2009 stellte China Argentinien eine Kreditlinie in Höhe von Yuan 70 Mrd. (umgerechnet US$ 10,2 Mrd.) zur Verfügung, die das südamerikanische Land im Falle eines starken Verlustes von Devisenreserven oder einer weiteren kräftigen Abwertung des argentinischen Pesos in Anspruch nehmen kann. Grundsätzlich beruht diese Vereinbarung auf Gegenseitigkeit, ist aber in der Praxis derzeitig vor allem für Argentinien von Bedeutung. Gleichzeitig beinhaltet dieses Abkommen, dass Argentinien seine Importe aus China zukünftig mit Yuan bezahlen kann. Inzwischen befürchtet die Privatwirtschaft Argentiniens einen unkontrollierten Zustrom chinesischer Produkte, sobald die Vereinbarung in Kraft tritt.

Branchenentwicklungen – Im März verbesserte Kfz-Ergebnisse

Die **Kfz-Produktion** Argentiniens ging im März 2009 gegenüber dem gleichen Vorjahresmonat um 23,6% zurück. Gegenüber Februar d.J. ergab sich allerdings ein Zuwachs um 154,3%. Im April d.J. schrumpfte die Produktion dann wieder um 31,8% gegenüber dem entsprechenden Vorjahresmonat. (...)

Die Aktivitäten der **Bauwirtschaft** Argentiniens verringerten sich gemäß Indec im Februar und März 2009 gegenüber den Vorjahresmonaten um 2,5% und 2,4%. – Der privatwirtschaftliche Construya-Index geht von einem deutlich stärkeren Einbruch der Aktivitäten des Sektors aus: Februar -18,2% und März -17,8%. Der argentinische **IT- und Software-Sektor** schrieb unter anderem auch wegen einer stärkeren Auslandsnachfrage im 1. Quartal 2009 schwarze Zahlen. Für das Gesamtjahr erwartet die Branchenkammer Cessi einen Anstieg der Exporte um 17,8% auf US$ 595 Mio. und der Umsätze um 12,5% auf Arg$ 8,7 Mrd. (...)

Peter Rösler, Länderreferent Argentinien

76   Argentinischer Wechselschritt

Von Franka Bindernagel

1910 veranstaltete Argentinien die spektakulärsten und
kostspieligsten nationalen Feierlichkeiten seiner Geschichte. In jenem Jahr jährte sich die Unabhängigkeit
von Spanien zum 100. Mal. Dafür organisierten Regierung und bürgerliche Festkomitees Messen und Ausstel-
lungen, gestalteten Festumzüge, bauten Denkmäler,
druckten Festschriften und luden zahlreiche internationale Gäste ein. Das reiche Land inszenierte seinen
Wohlstand und präsentierte seine Fortschritte ganz im
Sinne des positivistischen Zeitgeistes. Seit Beginn der

großen Einwanderung in den 1870er-Jahren hatte es sich rasant verändert. Die Land- und Viehwirtschaft boomte und zog Kaufleute, Handwerker und Landarbeiter aus ganz Europa an. Finanzsektor und Bauindustrie expandierten, die Infrastruktur wurde ausgebaut, die soziale Wohlfahrt verbessert, und es wurden Bildungsstätten errichtet. Das Wirtschaftsmodell basierte auf der Einwanderung billiger Arbeitskräfte, dem beständigen Zufluss von internationalem Kapital sowie der Erweiterung und Verteilung von nutzbarem Land. Während der Belle Epoque funktionierte dieses Modell besonders gut, so dass die wohlhabenden Schichten es sich leisten konnten, Buenos Aires zum »Paris des Südens« umzugestalten. Innerhalb von nur zwei Generationen wandelte sich die Hauptstadt von einem »großen Dorf« zur geschäftigen und architektonisch ansprechenden Metropole. Diese Leistungen also wurden der internationalen Öffentlichkeit vorgeführt. Die Besucher reagierten enthusiastisch.

Einwanderung

Obwohl sich Argentinien einerseits als homogene, geeinte und progressive Nation präsentierte, betonte es andererseits die vielfältigen Einflüsse der zumeist europäischen Einwanderer und Saisonarbeiter. Zwischen

1881 und 1914 reisten 4,2 Millionen Personen nach Argentinien ein. Die Bevölkerung wuchs auf 7,9 Millionen Menschen. Über drei Viertel der Migranten waren Italiener und Spanier, die übrigen Einwanderer kamen aus allen Teilen Europas, wenige aus Nordamerika und Asien. Sie sorgten für eine internationale Verflechtung Argentiniens durch Handels- und Familiennetzwerke; sie schickten Rimessen an ihre Familien und unterstützten so die wirtschaftliche Entwicklung an anderen Orten der Welt, zum Beispiel in Süditalien und Nordspanien. Wirtschaftlich und politisch einflussreich waren britische, französische und deutsche Bankiers, Eisenbahnbauer, Geologen und Bergbauexperten, Wissenschaftler, Ingenieure, Techniker und Kaufleute. Die Mehrheit der Italiener indes arbeitete als Lohnabhängige in der Landwirtschaft und Exportindustrie. Oftmals pendelten diese Landarbeiter zwischen Europa und Amerika und verdingten sich abwechselnd im europäischen und südamerikanischen Sommer bei der Ernte, weshalb der Volksmund sie »Schwalben« taufte. Ohne sie hätten die großen argentinischen Farmen kaum so profitabel wirtschaften können. Wesentliche Ursache für die Einwanderung war die Kombination von zwei parallel laufenden Entwicklungen: die expandierende argentinische Wirtschaft mit exzeptionellen Bedingungen einerseits und tief greifende gesellschaftliche Veränderungen in

Europa andererseits. Mit wenigen Ausnahmen verzeichnete Argentinien bis zur Mitte des 20. Jahrhunderts einen konstanten Zustrom von Migranten und belegte damit bei der Einwanderungsquote Platz zwei nach den USA, vor Kanada und Brasilien. Die ideologischen Grundlagen für die Einwanderungspolitik legten Juan B. Alberdi und Domingo F. Sarmiento, einflussreiche Schriftsteller und Politiker des 19. Jahrhunderts. Alberdis Ausspruch »Regieren heißt Bevölkern« ist legendär geworden. Sarmiento setzte dieses Credo in die Tat um, denn das dünn besiedelte Land sollte zu einer modernen Wirtschaftsnation aufsteigen.

Ein hoher Preis

Erkauft wurde diese Politik durch die Verdrängung bereits dort lebender armer Landbevölkerung sowie verschiedener indigener Gemeinden. Den argentinischen Eliten waren die Indigenen ein Dorn im Auge, weil sie sich dem Landraub, der landwirtschaftlichen Kolonisation und der Expansion der Viehwirtschaft widersetzten. 1877 startete Kriegsminister General Julio A. Roca die sogenannte Wüstenkampagne, um die Indigenen »zu bezwingen, zu vertreiben und zu vernichten«, wie er öffentlich verkündete. Bis 1882 wurden tausende Indigene ermordet und gefangen genommen; das eroberte

Land teilte die Agraroligarchie unter sich auf. Die Überlebenden wurden seitdem systematisch diskriminiert
und ausgegrenzt. In den letzten Jahrzehnten haben indigene Gemeinden ein neues Selbstbewusstsein entwickelt, und seit den 1990ern fordern insbesondere Mapuche wieder ihre Rechte ein und machen Ansprüche
auf das verlorene Land geltend (vgl. auch: »›Grenze‹ als
Urerfahrung …«, Seite 178.).

Die argentinischen Eliten orientierten sich hauptsächlich am romanischen Kulturkreis, insbesondere an
Frankreich. Sie schätzten aber auch die Leistungen
deutscher Experten, weshalb sie deutsche Juristen, Militärberater, Ingenieure und Pädagogen anwarben. Aus
allen deutschsprachigen Gebieten Europas wanderten
Menschen nach Argentinien ein – aus dem Deutschen
Reich, aus Österreich-Ungarn, dem Wolgagebiet und
der Schweiz. 1914 sollen 100.000 Deutschsprachige in
Argentinien gelebt haben, 1936 rund 280.000. Zu ihnen zählten auch sozialdemokratische, liberale und jüdische Flüchtlinge, die erst vor Bismarck, später dann
vor Hitler am Río de la Plata Zuflucht suchten. Wie alle
Einwanderergruppen bauten sie ein dichtes Netz von
Schulen, Vereinen, Wohlfahrtsorganisationen und Unternehmen auf. Außerdem vernetzten sie sich innerhalb
der argentinischen Gesellschaft sowie international
zwischen Europa, Süd- und Nordamerika.

Das Bild der Deutschen in Argentinien

Seit den 1980er-Jahren lockerte sich der Zusammenhalt unter den Deutschsprachigen, die Erinnerungen an die ursprüngliche Herkunft verblassten und die Vereine überalterten oder lösten sich auf. Die Nachkommen der Einwanderer betrachten Deutschland oft nur als einen Teil der Europäischen Union, wohin sie gern Kontakte knüpfen möchten und wo sie sich wirtschaftliche und soziale Aufstiegschancen erhoffen. Viele Argentinier bewunderten die Deutschsprachigen für ihre Leistungskraft, betrachteten sie aber auch mit Skepsis, zumal sich viele Deutschsprachige durch Religion, Sprache, Mentalität und Lebensweise deutlich von der Mehrheit der Einwanderer unterschieden. Während der Weltkriege verstärkten sich Abneigungen und Vorbehalte. Argentinien blieb in den Kriegen weitgehend neutral, doch die argentinischen Massenmedien vertraten die Sache der Alliierten und warfen den Migranten aus dem Deutschen Reich Verrat und Verschwörung vor. Bis heute hält sich ein ambivalentes Deutschland-Bild: Deutsches Organisationstalent und Rechtschaffenheit, Fleiß, Ausdauer und technologisches Know-how werden bewundert. Deutsche produktive Bürokratie stellt man sich spiegelbildlich zur argentinischen Bürokratie vor, die als unproduktiv und korrupt empfunden wird. Andererseits gelten Deutsche als ungesellig, streitlustig, humor- und gefühllos. Deutsche Effizienz bereitet vielen Argentiniern Unbehagen, gerade im persönlichen Umgang miteinander. Unbeliebt waren auch missionarische Anwandlungen, die mancher Einwanderer durchscheinen ließ, wenn er Argentiniern ökonomische und kulturelle Ratschläge erteilte.

Die ethnische Vielfalt und die Besonderheiten der Migrantengesellschaft führten in Buenos Aires zu außergewöhnlichen kulturellen Entwicklungen. Schon 1910 bezeichnete man die Stadt als »Kulturhauptstadt Südamerikas«. Theater, Musik, Tanz, Film und Literatur blühten, und bis heute besitzt die kreative, vielfältige und eigenwillige, teils unüberschaubare Kulturszene internationale Ausstrahlung. Argentinische Literatur-, Tanz- und Musikfestivals gehören zu den Highlights des internationalen Kulturbetriebs, und neue Trends nehmen dort ihren Anfang. Die Stadt am Río de la Plata zieht Kulturschaffende des gesamten Subkontinents an, und neuerdings verbringen auch viele deutsche DJs die Hälfte des Jahres dort, lassen sich inspirieren und legen in Clubs oder auf Festivals ihre Platten auf.

In den 1990er-Jahren beeinflussten die Menémsche Politik einerseits und internationale Entwicklungen andererseits auch das kulturelle Leben. So diversifizierte sich beispielsweise die Radio- und TV-Landschaft, nachdem der Telekommunikationssektor privatisiert worden war. Die Programme wurden umstrukturiert und der politische Einfluss des Fernsehens wuchs. Entsprechend weniger gingen die Menschen ins Kino, was zum Niedergang der nationalen Filmproduktion führte, bis sich 1994 die Gesetzeslage änderte und die Finanzierung von Filmproduktionen erleichtert wurde. Seitdem kehrten viele Menschen ins Kino zurück, und eine neue Generation experimentierfreudiger, kritischer und international erfolgreicher Filmemacher wuchs heran.

Dem Buchmarkt ist indes keine schnelle Erholung vergönnt gewesen, obgleich in der Literaturmetropole Buenos Aires ein vielschichtiges, gebildetes und interessiertes Publikum lebt. Die Branche litt unter den starken digitalen Medien, der Arbeitslosigkeit und dem Kaufkraftverlust der Bevölkerung. Die Verlagshäuser strukturierten sich um und passten ihre Strategien an, was zu Veränderungen der Programme und bei der Buchzirkulation führte. Außerdem halten Kritiker den Schriftstellern und Publizisten vor, inadäquat und hilflos auf die gesellschaftlichen Umwälzungen der 1990er-Jahre reagiert zu haben. Auch weil ihre Stimmen in Zeiten der Krise zu schwach gewesen seien, habe die literarische Produktion an Gewicht innerhalb des Kulturspektrums verloren. In derselben Zeit entwickelten sich aber auch ganz neue Formen des künstlerischen Ausdrucks. Arbeitslose etwa besetzten leer stehende Hallen und spielten Theater, um etwas für sich, ihre Nachbarschaft und ihr Stadtviertel zu tun. Während der berühmt gewordenen Escraches prangerten Kinder von Verschwundenen mit Musik, Straßentheater, Bild, Film und Wort die Entscheidungsträger der Militärdiktatur an, die unbehelligt von der Justiz ein ganz normales Leben führten.

Wer ist Argentinier?

In kaum einem anderen lateinamerikanischen Land lassen sich so viele Bücher aus allen Weltregionen in den Buchhandlungen und Antiquariaten finden wie in Argentinien. Man kennt sich aus in europäischer Literatur, Philosophie und Geschichte. Auch die eigene argentinische Buchproduktion ist bedeutend. Deutsche Drucker bauten sie in Buenos Aires auf, und die Stadt war lange das mit Abstand größte Buchdruckzentrum Südamerikas.

Ein beliebtes Thema argentinischer Autoren ist die Frage nach der spezifischen argentinischen Identität. Zwar sind sich viele Argentinier einig, dass man »von den Schiffen abstamme«, also als Nachkommen der Einwanderer eine gemeinsame Geschichte habe. Doch wie sich die ethnische und kulturelle Vielfalt der Einwanderung mit Erwartungen an eine gemeinsame Nationalidentität vereinbaren lässt, darüber wird viel diskutiert. Auch Deutsch-Argentinier wissen darauf zumeist keine einfache Antwort. Sie ordnen sich häufig beiden Nationen zu – der argentinischen und der deutschen.

Im Unterschied zu Deutschland identifizieren sich Menschen in Argentinien weniger mit ihrem politischen und wirtschaftlichen System, dafür umso mehr mit ihrer Nation. Das werden sie 2010 wieder zeigen, wenn sich die Unabhängigkeit zum 200. Mal jährt. Zu Beginn des 20. Jahrhunderts verstand sich Argentinien vor allem als europäische Nation, und die Einwanderer und ihre Nachfahren orientierten sich nach Westeuropa. Mittlerweile identifiziert es sich stärker mit Lateinamerika, weist es doch ähnliche soziale, ökologische, ökonomische und politische Strukturen und Problemlagen auf. Neben nationalem Taumel wird es 2010 also auch um eine kritische Reflektion der Geschichte und der aktuellen Lage gehen. Dazu gehört der Umgang mit den neuen Migranten, die schon lange nicht mehr aus Europa, sondern vielmehr aus den südamerikanischen Nachbarstaaten kommen.

»*Mein König, wiewohl der Admiral dieser Eurer Flotte und ebenso
alle anderen Kapitäne Eurer Hoheit die Kunde von der Entdeckung
dieses Eures neuen Landes, das man jetzt auf dieser Meerfahrt gefunden hat, schreiben werden, will ich dennoch nicht versäumen, Eurer
Hoheit, so gut ich eben kann, auch meinen eigenen Bericht davon zu
geben, auch wenn ich mich von allen am wenigsten darauf verstehe,
dies zu erzählen und in Worte zu fassen*«, schreibt Pêro Vaz de
Caminha an König Manuel von Portugal. Wir befinden
uns im Jahre 1500. Unter dem Befehl des angesehenen
Edelmannes Pedro Álvares Cabral hatte der König eine
Flotte von 13 Schiffen auf See geschickt, die auf dem
schnellsten Wege das indische Calicut erreichen sollte,

um dort Verträge über den Gewürzhandel abzuschließen. Vaz de Caminha reiste auf dem Flaggschiff der Flotte; er war der designierte Schreiber der zu gründenden Faktorei in Calicut.

Am 22. April 1500 ankerten die Schiffe vor der Küste desjenigen Landes, das später Brasilien heißen würde. Calicut war weit entfernt.

Es gibt Leute, die behaupten, die »Entdeckung« Brasiliens sei mitnichten ein Zufall aufgrund widriger Winde gewesen oder weil Cabral die Flotte zu weit nach Westen ausschwenken ließ. Vielmehr habe der Kapitän geheime Ordre seines Königs gehabt, um erneut die Gegebenheiten des Vertrags von Tordesillas, in dem Papst Alexander VI. die »Welt« unter den beiden damals mächtigsten katholischen Mächten, Spanien und Portugal, aufgeteilt hatte, zu überprüfen. Schon ein anderer Portugiese, Duarte Pacheco Pereira, sei aus demselben Grund bereits 1498 an der brasilianischen Küste gelandet, hieß es … Und auch die Spanier nahmen für sich in Anspruch, Brasilien »entdeckt« zu haben.

Wie immer dem sei. Natürlich beginnt auch die Geschichte Brasiliens nicht mit dem Eintreffen der Europäer. Die Schätzungen darüber, wieviele Menschen in Brasilien lebten, als die Seefahrer aus Portugal kamen, bewegen sich zwischen einer und fünf Millionen, unterteilt in 1.500 Völker und Gruppen mit 1.300 Sprachen – in Portugal lebte eine halbe Million Menschen.

»Und kaum hatte sich Nicolau Coelho auf den Weg gemacht, liefen schon die Menschen am Strand – bald zu zweit, bald zu dritt – zusammen, so dass dort, als die Barkasse die Mündung des Flusses erreichte, bereits achtzehn oder zwanzig dunkelhäutige Menschen standen, allesamt nackt ohne irgendetwas, das ihre Scham bedeckt hätte.«

Kleine Landeskunde

Die Bundesrepublik Brasilien ist mit 8.514.215 km² das größte Land Lateinamerikas und das fünftgrößte Land der Erde. Es ist unterteilt in 26 Bundesstaaten sowie einen Bundesdistrikt und hat 195 Millionen Einwohner. Die größte Bevölkerungsdichte findet sich an der Atlantikküste, 70 Prozent der Brasilianer leben in Städten. Die bevölkerungsreichsten Großräume sind São Paulo mit ca. 20,5 Millionen Einwohnern und Rio de Janeiro mit ca. 11,4 Millionen im Südosten, Belo Horizonte mit ca. 4,3 Millionen im Mittelwesten, Porto Alegre mit ca. 4 Millionen im Süden, Recife mit ca. 3,6 Millionen im Nordosten, Fortaleza und Salvador de Bahia mit jeweils ca. 3,4 Millionen im Norden und die Hauptstadt Brasilia mit ca. 2,2 Millionen

Diese Szene stammt aus Caminhas Brief und ist die erste Beschreibung einer Begegnung zwischen Indianern und Portugiesen. Man tauscht Geschenke aus und scheint sich zu »verstehen«. Das ändert sich rasch, so dass der portugiesische König Manuel, der die ökonomische Abhängigkeit von den Indianern sah und außerdem den Einfluss anderer europäischer Mächte auf sie verhindern wollte, 1511 einen Erlass herausgab, in dem unter Androhung harter Strafen verboten wurde, den Indianern Schaden zuzufügen. Die Sklaverei wurde indessen nicht verboten, und das portugiesische Auftreten änderte sich wieder, als man nicht mehr nur Handel trieb, sondern siedelte.

91

Einwohnern. São Paulo ist nicht nur die größte Stadt Brasiliens, sondern auch Lateinamerikas und gleichzeitig auch die größte der südlichen Hemisphäre. Es ist das wirtschaftliche Zentrum des Landes.

Brasiliens Landschaft ist geprägt von ausgedehnten Regenwäldern des Amazonastieflands im Norden, Hochebenen, Hügeln und Gebirgen im Süden. Die landwirtschaftliche Basis liegt in den Savannengebieten des Mittelwestens.

Im Osten grenzt Brasilien an den Atlantik, in den anderen Himmelsrichtungen hat es Grenzen zu allen Ländern Südamerikas außer Ecuador und Chile. Landessprache ist Portugiesisch.

Caminha war im Übrigen ein eher nüchterner Beschreiber der fremden Völker. Vespucci hingegen – wir begegneten ihm in der Einleitung – hebt ihre Monstrosität hervor und zählt auf, was sie alles nicht haben: Staat, Regierung, Sitten, Religion … heute würde man »bad governance« sagen …

Kulturlandschaften

Die Küstengebiete des heutigen Brasilien sind seit 10.000 Jahren besiedelt. Die moderne Archäologie geht inzwischen davon aus, dass die Besiedlungsstruktur in diesem Teil Amerikas anders gewesen sein muss als bisher angenommen. War das Amazonasbecken wirklich die reine fast unberührte Natur, in dem auch die dort lebenden wenigen Menschen so etwas wie »Natur« waren? Tatsächlich spricht viel mehr dafür, dass das Ökosystem des Amazonasbeckens von den ersten Bewohnern durch systematische Anpflanzung und Verbreitung von Pflanzenarten sowie Bodenverbesserung erst geschaffen wurde.

Ähnliches gilt für den äußersten Westen Brasiliens. In der Provinz Mato Grosso fanden sich zahlreiche geplante Orte, deren Größe zeitgenössischen europäischen Ansiedlungen kaum nachstand, und in denen bis in die Zeit um 1500 Fischzucht und Landwirtschaft betrieben wurden. Miteinander verbunden waren sie durch ein Straßennetz. Das Ende dieser Kulturen wurde aller Wahrscheinlichkeit nach durch Krankheiten der Konquistadoren herbeigeführt, die von indianischen Reisenden und Kaufleuten in die Region gebracht und dort zu Epidemien wurden.

Heute leben 215 indigene Völker in Brasilien, kleine Gruppen zumeist, die mit rund 360.000 Menschen noch insgesamt 0,2 Prozent der brasilianischen Bevölkerung ausmachen.

Zucker, Edelstein und Sklave

Die ökonomische Struktur der Kolonie, die in 15 Capitanías aufgeteilt wurde, war schlicht. Kolumbus hatte auf seiner zweiten Reise den Zucker nach Amerika gebracht. Bald wurde er auf riesigen Plantagen angebaut. Zucker war lediglich ein Exportgut, es ging nicht darum, die Kolonie im Innern zu entwickeln. Den Portugiesen war vielmehr daran gelegen, die Zahl der Zuckermühlen stetig ansteigen zu lassen. Im 18. Jahrhundert gab es 500 davon – in Europa war die Nachfrage nach dem süßen Stoff rasant gestiegen. Um schließlich 50.000 Tonnen produzieren zu können, brauchte man nicht nur Mühlen, sondern auch Arbeiter. Im 16. Jahrhundert waren 100.000 afrikanische Sklaven nach Brasilien verschleppt worden, im 17. Jahrhundert waren es dann fast 600.000. In diese Zeit fallen auch die Sklavenaufstände, aus denen die berühmten Quilombos hervorgingen, gut verwaltete große Siedlungen entlaufener Sklaven, deren letzte 1699 zerstört wurde.

»Aus der Kolonialwirtschaft ergab sich eine rigide Sozialstruktur: Oben die Großgrundbesitzer und die städtischen Kaufleute – mit den Sklavenhändlern an der Spitze – ganz unten die Sklaven, dazwischen die Indigenen, kleine Händler, Handwerker und die sogenannten Agregados, die ›Angegliederten‹ an die großen Plantagen, die in persönlichen Abhängigkeitsverhältnissen zu den jeweiligen Großgrundbesitzern lebten.«

Die Gesellschaft war zudem streng patriarchalisch organisiert. Auch Frauen kamen als handelnde Subjekte nicht vor.
Nachdem die fast nicht vorhandene Zusammenarbeit der Kapitanien, die mehr Kontakt zum Mutterland als untereinander hatten, zum Problem wurde, erklärte die Krone 1549 São Salvador da Bahía de Todos os Santos,

heute Salvador de Bahia, zur Hauptstadt. Ein General-gouverneur, gelegentlich auch Vizekönig genannt, soll-te dafür sorgen, dass die Einzelteile sich halbwegs zu einem Ganzen fügten. Dieses Ganze wurde mit der Zeit größer und größer, nachdem die »Bandeirantes« – Gruppen von Kolonisten, die sich zu »Bandeiras« – »Bannern« zusammengschlossen hatten – auf der Suche nach zukünftigen indianischen Sklaven und Boden-schätzen die Vertragslinie von Tordesillas immer weiter nach Westen auf spanisches Gebiet verschoben.

Man fand Gold und Diamanten, reiche Barockstädte wie Ouro Preto geben Zeugnis von einem Rausch, der viele taumeln machte und viele zu Tode brachte.

Zum Ende des 17. Jahrhundert verlagert sich der wirt-schaftliche Schwerpunkt in den Süden Brasiliens, 1763 wird die Hauptstadt von Salvador nach Rio de Janeiro verlegt. Wieder 100 Jahre später wird – wie überall auf dem Kontinent – das Ende der europäischen Kolonial-herrschaft eingeläutet. Brasilien erlebt Aufstände, die politisch letztlich erfolglos blieben, aber bis heute ei-nen hohen symbolischen Wert haben. Im Jahre 1792 wird Tiradentes, einer der Aufständischen, hingerichtet. Sein Todestag, der 21. April, ist heute Feiertag in Brasi-lien. Die Unabhängigkeit wird Brasilien schließlich auf eine Art erreichen, die es zu einem Sonderfall in Latein-amerika macht.

Ein König in der Kolonie

Mit dem aufsteigenden 19. Jahrhundert sieht sich Europa mit einem Phänomen namens Napoléon konfrontiert. João VI, Prinzregent von Portugal, gerät in die Zwickmühle zwischen Frankreich und Großbritannien. Von letzterem ist er ökonomisch abhängig, ersterem will er sich nicht beugen. Er will Portugal nicht hergeben für Napoléons Kontinentalsperre. Bleibt nur die Flucht.

Schließlich bricht der Hof unter dem Schutz der britischen Flotte Richtung Südatlantik auf, um sich 1808 nach einem Zwischenhalt in Bahia mitsamt 15.000 Personen Hofstaat in Rio de Janeiro niederzulassen.

Brasilien hörte auf, eine Kolonie zu sein. Es wurde zu einem Teil Portugals, und wird schließlich 1815 als ein Teil eines »Vereinigten Königreichs von Portugal, Brasilien und Algarve« dem Mutterland formal gleichgestellt.

Die Häfen des zuvor abgeschotteten Landes werden für befreundete Nationen geöffnet, was vor allem den Briten zugute kommt. Brasilien erlebt eine Art Aufschwung, weil vieles nun gewünscht war und geschaffen wurde, was zuvor verboten war – etwa die Gründung von Universitäten. Die portugiesische Krone hatte die Entstehung einer gebildeten Klasse in der Kolonie erst gar nicht riskieren wollen. Gegründet wurden außerdem

Betriebe und Banken, man druckte Zeitungen und Bücher. Und als Joãos Sohn Pedro die österreichische Prinzessin Leopoldine heiratet, kommt sie in Begleitung einer großen Anzahl Gelehrter und Forscher.

BUCHT VON
RIO DE JANEIRO

Nachdem gegen Ende des 18. Jahrhunderts der Kaffee nach Brasilien gekommen war, wird er in der Region São Paulo angebaut, wo dank der rasant steigenden Nachfrage in Europa schnell große Reichtümer akkumuliert werden, die schließlich die Grundlage der spektakulären Entwicklung dieser Region werden sollten, die heute das unbestrittene Schwergewicht der lateinamerikanischen Wirtschaft ist.

1821 kehrt João nach Portugal zurück – Napoléon ist schon lange geschlagen – sein Sohn Pedro bleibt als Regent in Brasilien. Die portugiesische Ständeversammlung erträgt den Gedanken, dass Brasilien ein Teil Portugals sein soll, nur schwer. Sie wünscht, die überseeische

Besitzung wieder in den Status einer Kolonie zurückzuversetzen und erneut von Lissabon aus zu regieren.

Doch die Stände unterschätzten die Lage auf dem Kontinent – eine Kolonie nach der anderen hatte die Unabhängigkeit erstritten, und es war der Prinzregent selbst, der mit dem berühmten Ruf von Ipiranga: »Independência ou morte« (Unabhängigkeit oder Tod) die Unabhängigkeit Brasiliens erklärte. Heute geht man davon aus, dass Pedros Frau Leopoldine die Mutter des Gedankens war.

98 Zwei Kaiser von Brasilien

Pedro wird zum Kaiser gekrönt, lässt es aber in den Augen Vieler an staatsmännischem Format fehlen. Schließlich muss er abdanken und kehrt 1831 nach Lissabon zurück. So wird aus dem brasilianischen Kaiser Pedro I. König Pedro IV. von Portugal.

Für Pedros noch minderjährigen Sohn und Nachfolger, der in Brasilien bleibt, regiert ein dreiköpfiger Regentschaftsrat, bis der Junge 1840 vorzeitig für volljährig erklärt wird und als Pedro II. zweiter und letzter Kaiser Brasiliens wird. Seine Regentschaft wird ein halbes Jahrhundert dauern.

Der junge Kaiser liebt die Technik, liebt alles Neue. Und auch in Rio de Janeiro ist man wie in den anderen Hauptstädten des Kontinents davon überzeugt, dass Entwicklung und Fortschritt europäischer Zuwanderung bedürfe. Mit der Unabhängigkeit des Landes beginnt die systematische Zuwanderung aus Europa. Aus Deutschland wurden vor allem Handwerker und Ingenieure angeworben; es sollten Eisenbahn und Telegrafennetz gebaut werden.

Einen kurzen, aber kräftigen Boom erlebte in dieser Zeit eine einst abgelegene Gegend im Amazonasbecken. Zu Zucker, Edelsteinen und Kaffee war ein neuer Stoff gekommen, der im beginnenden Industriezeitalter von überragender Bedeutung war und allenthalben Begehrlichkeiten auslöste. Wieder wird Brasilien führende Exportnation. In den 1860er-Jahren ist es Gummi, und die Kautschukbarone in Manaus und Belém am Amazonas werden reich. Sie ließen sich prächtige Häuser bauen – das berühmteste ist wohl die Oper von Manaus, in der Enrico Caruso übrigens entgegen hartnäckiger anderslautender Behauptungen nicht gesungen hat. Caruso war niemals in Brasilien. Aber Manaus hatte andere Sensationen zu bieten. Elektrische Straßenbeleuchtung vor London und Paris zum Beispiel. Ein sonderbares Gebilde inmitten des unendlichen Waldes. Dann wurde der Kautschuk gestohlen. Der Engländer Henry Wickham schmuggelte Samen des Baumes – deren Ausfuhr strengstens verboten war – ins damals britische Ceylon, wo fortan der gefragte Stoff angebaut wurde, das Monopol war gebrochen.

Während Manaus und Belém zunächst wieder in leichten Schlaf sanken, wuchs São Paulo zu einer großen Stadt heran. Schon am Ende des 19. Jahrhunderts war sie die größte Stadt Lateinamerikas, heute ist sie die größte Stadt der Südhalbkugel. Viele der Einwanderer, die gekommen waren, arbeiteten auf den Kaffeeplantagen in der Region, eine der neuen Eisenbahnlinien führte nach Santos, zum 70 Kilomenter entfernten Hafen, von wo aus immer mehr Kaffee nach Europa verschifft wurde. Die Nachfrage war rasant gestiegen.
(vgl. auch: Coffeetable«, S. 115)

1888 war in Brasilien die Sklaverei zuende gegangen, und Widerstand gegen die Monarchie hatte sich auch längst geregt – ein Kaiserreich inmitten von Republiken und das am Vorabend des 20. Jahrhunderts? – Im Militär fühlten sich einige Offiziere dem französischen Positivismus nahe; sie empfanden das Kaiserreich als unzeitgemäß. Am 15. November 1889 wird Kaiser Pedro II. gestürzt und muss mit seiner Familie das Land verlassen.

Manuel Deodoro da Fonseca, einer der Offiziere, ruft die Republik der Vereinigten Staaten von Brasilien – República dos Estados Unidos do Brasil – aus. Wieder wird ein bedeutender historischer Schritt nicht durch Massenmobilisierungen und Proteste ausgelöst wie vielfach in den anderen Ländern Lateinamerikas, sondern »von oben« verfügt bzw. herbeigeputscht.

Milchkaffee ...

Die Jahre nach 1889 waren zunächst von politischer Stabilität geprägt, der Wohlstand war durch die große Kaffee-Nachfrage gesichert, und folglich konzentrierte sich die Wirtschaft auf diesen Zweig.

»In der ›Alten Republik‹– República Velha – die bis 1930 andauerte, herrschte die sogenannte Milchkaffee-Politik vor, bei der sich die beiden mächtigsten und bevölkerungsreichsten Staaten, nämlich der Milchproduzent Minas Gerais und der Kaffeeproduzent São Paulo, bei der Besetzung der Zentralregierung abwechselten. Die oligarchische Vorherrschaft beider Staaten wurde unter anderem durch die geringe politische Partizipation erleichtert. Aufgrund des Wahlverbots für Frauen und Analphabeten blieb die Wahlberechtigung auf nur ca. 5 Prozent der Gesamtbevölkerung beschränkt.«

Doch seit den 1920er-Jahren hatten große Teile der Bevölkerung ein Ende der Oligarchie gefordert, und die »Neue Republik« – República Nova – beginnt ab 1930. Die Wirtschaftskrise von 1929 hatte wie überall die Oligarchien, die vom florierenden Export ihrer Rohstoffe abhängig waren, geschwächt. Vor allem die Kaffeebarone verloren an Einfluss, die politische Partizipation nahm zu. Um die wirtschaftlichen Folgen der Krise abzumildern, entschied man sich für eine Politik der Importsubstitution mittels beschleunigter Industrialisierung. Mit der urbanen Arbeiterschaft und einer gebildeten Mittelschicht, die inzwischen entstanden waren, entwickelte sich auch eine andere politische Kultur.

... und eine andere Vermischung

»Wohlwollender Diktator« war eine der Bezeichnungen für Getúlio Vargas. 1930 war er an die Macht gekommen – mit Unterstützung der Militärs und der »Liberalen Allianz«. 1934 wurde sein Übergangsmandat durch eine Wahl bestätigt, 1937 putschte er und verlieh sich diktatorische Machtfülle mittels einer neuen Verfassung. Er etablierte Sozialrechte und das erste Arbeitsgesetz. »Vater der Armen« ließ er sich selber gern nennen, kujonierte aber die Gewerkschaften und verfolgte autonome politische Mobilisierungen hart.

Vargas' nationale Vision und Obsession hieß »Mestiça-gem«, die biologische Vermischung aller mit allen, um eine brasilianische Rasse zu schaffen. Am Ende sollte der Versuch zu seinem Gegenteil führen und gerade Auseinandersetzungen entlang ethnischer Linien her-vorbringen. 1945 wurde er vom Militär gestürzt. Es gab Wahlen, und eine neue Verfassung mit erneuter rechts-staatlicher Ordnung wurde in Kraft gesetzt.

Nach einer Phase der Unruhe brachte schließlich die Wahl von Juscelino Kubitschek im Jahre 1956 vorüber-gehende Stabilität. Kubitschek sorgte mit Hilfe der Par-tido Trabalhista Brasileiro (PTB) für neue ausländische Investoren, die die brasilianische Wirtschaft in den spä-ten 1950er-Jahren enorm ankurbelten. In seine Präsi-dentschaft fällt die Gründung von Brasilia, der neuen Hauptstadt des Landes, und die Entstehung des brasili-anischen Automobilbaus vor allem mit massiven Inves-titionen der deutschen Autoindustrie.

Das Militär, die Städte und die Zivilgesellschaft

1964 war die demokratische Phase zunächst vorbei. Die Militärs putschten und wechselten sich bei der Präsi-dentschaft ab. Staatsgouverneure und Bürgermeister wichtiger Städte wurden zentral nominiert. Die bürger-lichen Rechte wurden eingeschränkt. Als es in den späten 60er-Jahren zu Studentenunruhen und Streiks kam, reagierte das Militär mit harschen Säuberungsaktionen und mit Zensur.

Wieder erlebt Brasilien eine Phase der Industrialisierung, man bemüht sich um ausländische Investitionen. Die deutschen Unternehmen, die in dieser Zeit in großer Zahl kommen, werden gern gesehen. Eine der Folgen der Industrialisierung ist ein Urbanisierungsschub. Lebte 1960 weniger als die Hälfte der Bevölkerung in den Städten, so waren es 1980 fast 70 Prozent.
Und genau dieser Prozess barg den Keim, die Militärherrschaft auch wieder zu überwinden.

»In den Städten entstanden die wichtigen politischen Initiativen, die seit dem Ende der 70er-Jahre für Demokratie und freie Wahlen eintraten – seien es Nachbarschaftsvereine, seien es neue Gewerkschaften, soziale Bewegungen und Organisationen der Mittelschicht, die das Mobilisierungsverbot der Militärs zunehmend herausforderten.«

1985 war die Militärherrschaft zu Ende, ein ziviler Präsident wurde nominiert, eine neue Verfassunggebende Versammlung formierte sich, die 1988 unter hoher zivilgesellschaftlicher Beteiligung die neue Verfassung vorlegte – eine Verfassung, die wegen der weit ausge-

legten Sozial- und Partizipationsrechte als »Bürgerver-
fassung« in die Geschichte einging.

»Die Demokratiebewegung, die anfangs alle Widerstandsinitiati-
ven gegen die Militärs umfasste, ist eine wichtige Zäsur in der bra-
silianischen politischen Geschichte, da sich hier zum ersten Mal eine
handlungsfähige und vom Staat unabhängige Zivilgesellschaft for-
mierte. Später bildeten sich auch die Strukturen einer politisch fun-
gierenden Öffentlichkeit, welche die Rahmenbedingungen für eine
kritische Meinungsbildung bieten. Mit der Vertiefung der Demokra-
tisierung hat sich dann die Zivilgesellschaft pluralisiert, und auch
die politische Öffentlichkeit ist heterogener geworden.«

Die Wahlen von 1989 bringen Fernando Collor de Mel-   **105**
lo ins Präsidentenamt, aber er muss wegen einer Kor-
ruptionsaffäre vorzeitig zurücktreten, Vizepräsident Ita-
mar Franco übernimmt die Regierungsgeschäfte. Sein
Nachfolger Fernando Henrique Cardoso hatte mit einer
dramatischen Währungskrise zu kämpfen, wie sie viele
lateinamerikanische Länder in dieser Zeit auszustehen
hatten.
Man versuchte zu retten, was zu retten war, verkaufte
Reserven, erhöhte damit die Nettoverschuldung, und
durch die Abwertung sprang die öffentliche Verschul-
dung von 45 auf 55 Prozent. Nur allmählich konnte sich
das Land erholen.

Seit 2003 ist Luiz Inácio Lula da Silva von der Arbeiter-
partei PT Präsident Brasiliens. Und es geschah etwas,
mit dem niemand gerechnet hatte.

106   Zwischenstück

Krisenmanagement

Gemessen an den vergangenen Jahrzehnten ist es der Regierung Lula gelungen, die brasilianische Wirtschaft mit Entschiedenheit in ruhiges Fahrwasser zu bringen. Auf den neuen Präsidenten, ehemaliger Gewerk-schafter und armer Migrant aus dem Nordosten in die Industrieregion São Paulo, waren die unterschiedlichsten Erwartungen und Befürchtun-gen gerichtet gewesen, als sich sein Wahlsieg nach zwei Regierungsperi-oden von Fernando Henrique Cardoso im Jahr 2002 abzeichnete. Eine hohe und instabile interne Staatsverschuldung sowie hohe Auslands-schulden des Landes hatten schon 1999 eine Maxi-Abwertung und Schuldenkrise erzeugt. In Nachwirkung dieser Krise, die zu einer massi-ven Erhöhung der staatlichen In- und Auslandsverschuldung geführt hatte, und gemeinsam mit der Unsicherheit über den zukünftigen wirtschaftspolitischen Kurs nach dem Regierungswechsel kam es im Jahr 2002 während der Wahlkampfphase noch einmal zu einer massiven Spekulationsattacke gegen den brasilianischen Real.

Daraufhin veröffentlichte Lula im Juni 2002, drei Monate vor der Präsidentschaftswahl, einen »Brief an das brasilianische Volk«, in dem er sich verpflichtete, trotz des von ihm angestrebten Wechsels hin zu einer Wirtschaftsstrategie mit mehr sozialer Gerechtigkeit die Verträge und Verpflichtungen des Landes einzuhalten. Das hieß im Klartext, dass Lula willens war, die Auslandsschulden weiter zu bedienen – was angesichts der Position des Nachbarlandes Argentinien, das gerade im Vorjahr wegen drohenden Staatsbankrotts die Zahlungen an die internationalen Gläubiger eingestellt hatte, durchaus nicht selbstverständlich war. Diese Selbstverpflichtung Lulas sowie ein daraufhin zugesagter Beistandskredit des IWF über 30 Milliarden US-Dollar vermochten die drohende Zahlungsunfähigkeit Brasiliens im September 2002 gerade noch im letzten Moment abzuwenden.

Nach diesem dramatischen Moment entspannte sich die Lage für Brasilien an der Schuldenfront sukzessive. Zusammen mit dem zunehmenden Aufbau von Devisenreserven aufgrund einer positiven Leistungsbilanz und steigenden autonomen Kapitalzuflüssen verwandelte sich Brasilien rechnerisch in einen Netto-Gläubiger gegenüber dem Ausland – eine geradezu sensationelle Entwicklung, blickt man auf die 1980er- und 90er-Jahre zurück. Angesichts der im Jahr 2002 jedoch noch überaus prekären Ausgangslage und auf der Grundlage der Entscheidung, die Schuldenzahlungen aufrecht zu erhalten, optierte die Regierung Lula ab 2003 für eine Fortsetzung der überaus orthodoxen Geld- und Fiskalpolitik der Vorgänger-Regierung Cardoso. Zuerst geschah dies in Übereinkommen mit dem Internationalen Währungsfonds, der, wie immer, seinen Unterstützungskredit mit wirtschaftspolitischen Auflagen verband. Die brasilianische Regierung machte aber nie einen Hehl daraus, dass dies auch ihre eigenen Ziele seien. So veröffentlichte der Vertraute Lulas und Finanzminister Palocci im Jahr 2003 ein programmatisches Dokument mit dem Titel »Wirtschaftspolitik und Strukturreformen« (Ministério da Fazenda 2003). In diesem definierte er als »die oberste Pflicht [Heraushebung im Original] der Wirtschaftspolitik der neuen Regierung, die schwerwiegenden fiskalischen Probleme zu lösen und eine endgültige Anpassung der öffentlichen Finanzen zu verfolgen«. Entsprechend verpflichtete sich die Regierung Lula in diesem Dokument, über die gesamte (erste) Amtszeit hinweg (2003-06) einen primären Überschuss von 4,25 Prozent zu erzielen – während die Regierung Cardoso sich in den Abkommen mit dem IWF noch mit einem vereinbarten Überschuss von 3,5 Prozent begnügt hatte. Der erhöhte primäre Überschuss des gesamten Staats sollte mehr Geld für den staatlichen Schuldendienst auf die Verbindlichkeiten im In- und Ausland frei machen und einen allmählichen Schuldenabbau ermöglichen. Diese Politik wurde in der zweiten Amtszeit Lulas konsequent fortgesetzt.

Barbara Fritz

(Basisdaten zur brasilianischen Wirtschaft im Länderbericht auf Seite 130.)

Südgehend

»Man muss sich Brasilien als Kontinent vorstellen.«

Klaus Meves, Hamburg Süd

»Wir glauben an diesen Markt.«

Julian Thomas, Hamburg Süd, São Paulo

»Im Jahr 1827 begaben sich der ›Syndicus und Außerordentliche Gesandte‹ der freien Hansestadt Hamburg Karl Sieveking und der Bremer Senator Johann Karl Friedrich Gildemeister als Vertreter der Hansestädte Lübeck, Bremen und Hamburg an Bord des britischen Packetbootes Marchioness of Salisbury auf die Reise nach Brasilien, das gerade von seinem Mutterland Portugal unabhängig geworden war, um mit dem Kaiser des neuen Riesenreiches einen Vertrag *abzuschließen, der ›den Schiffen der drei Hansestädte alle Häfen und Ankerplätze und den brasilianischen Schiffen die Häfen und die Ankerplätze der Hansestädte öffnet‹.*

Sieveking war von dem, was er im Lande vorfand, außerordentlich begeistert, und zwar nicht nur, was die landschaftlichen Schönheiten betraf, sondern auch von den aus seiner Sicht guten wirtschaftlichen Möglichkeiten. Schließlich war das herauszufinden, eine weitere Aufgabe, die ihm aufgegeben war. Er hatte gemeinsam mit Senator Gildemeister innerhalb von sechs Monaten seinen Auftrag voll erfüllen können«.

(Hamburg Süd. Eine Chronik der Ereignisse. Von Hans Jürgen Witthöft, Hamburg 2008)

110   Der Vertrag, vom brasilianischen Kaiser Dom Pedro I. unterzeichnet, gewährte Rechte und Pflichten zu beiderseitiger Zufriedenheit. Doch als die Herren zurückkamen, erlebten sie eine Überraschung. Die Hanseatische Kaufmannschaft zeigte kaum Interesse am Südamerikageschäft und blieb zurückhaltend. Es sollte noch 44 Jahre dauern, bis es zur Gründung einer Gesellschaft kam, die heute zu den ganz Großen gehört.

Die steigenden Zahlen bei der Auswanderung nach Südamerika und schließlich die Tatsache, dass 1850 die britische Royal Mail Steam Packet Co. eine Brasilienlinie eingerichtet hatte, brachte Bewegung in die Sache. 1871 war es soweit. »Am Sonnabend, dem 4. November

1871, vormittags elf ½ Uhr« gründen einige Herren in Hamburg eine Aktiengesellschaft. Ziel der neuen Gesellschaft sollte »die Herstellung einer regelmäßigen Schiffsverbindung zwischen Hamburg und Brasilien sowie den La Plata-Staaten« sein.

»Anfangs haben wir vor allem Passagiere transportiert«, erzählt Klaus Meves, bis Ende 2008 Sprecher der Geschäftsführung bei Hamburg Süd. Die Amerikas suchten händeringend Arbeitskräfte – Brasilien schaffte 1888 die Sklaverei ab und wurde zudem ein Jahr später Republik – und diese Arbeitskräfte brachte man ihnen. Hapag und Hamburg Süd »teilten« sich den Atlantik – die eine nord-, die andere südgehend – besonders die Brasilienfahrt prosperierte.

Und das tut sie auch noch heute. »Die deutsche Großreederei Hamburg Süd baut im Abschwung die eigene Flotte aus. Denn die Reederei setzt viele Hoffnungen auf den südamerikanischen Markt, wo auch in Krisenzeiten noch Wachstum möglich ist«, schreibt ein deutsches Wirtschaftsblatt im Januar 2009. Darüber hinaus ist das Unternehmen mit 30 Prozent am Bau eines 300-Millionen-Dollar teuren Container-Terminals in Itapoá bei São Francisco do Sul beteiligt, das von 2010 an als Knotenpunkt oder »Hub« für die Schiffe mit den roten Containern dienen soll.

Der größte Hafen Lateinamerikas, Santos, platzt aus allen Nähten. – Logistische Probleme sind nicht untypisch für Brasilien.

»Wer aber meint, in eine Art Entwicklungsland zu kommen, soll lieber gleich zu Hause bleiben«, findet Meves. »Natürlich gibt es Probleme, aber die sind typisch für schnell wachsende Regionen.« Tatsächlich liege »eine gewisse Dramatik« in den Infrastrukturproblemen. Mit Maßstäben aus Mitteleuropa und seinen kurzen Wegen kommt man hier allerdings nicht weit. »Man muss sich Brasilien eher als einen Kontinent vorstellen«, sagt Meves. »Zumal mit großen Unterschieden im Innern.«

Der Reeder beschreibt diese Unterschiede. Unterschiede zumal, die ein einfaches lineares Entwicklungsmodell mangels besseren Verstehens »Ungleichzeitigkeiten« nennt. »Sie haben hier den Bauern mit dem Hackmesser, woanders wird mit dem Vollharvester gearbeitet.« Hier der hochindustrialisierte Süden und Südosten mit emanzipierten zivilgesellschaftlichen Strukturen, da der »fundamentalistische« Nordosten mit alten klientelistischen Strukturen, in denen der Patron die Geschicke seiner »Untertanen« bestimmt und ihnen auch sagt, was sie wählen sollen.

Sich mit Brasilien zu beschäftigen, erweitert in jedem Falle den Horizont. Und bevor man ausufernde Bürokratie oder Kompetenzgerangel zwischen Bundes- und

Landesbehörden beklage, wie es häufig geschieht, solle man sich einmal fragen, ob denn das alles so fremd sei …
Ein Land der Zukunft ist Brasilien ganz gewiss. Davon ist Klaus Meves überzeugt, der aus langer Erfahrung jedem rät, den südgehenden Schritt über den Atlantik zu wagen. Und nicht so lange zu zögern wie damals die Hamburger Kaufmannschaft, die es fast riskiert hätte, sich ein Jahrhundertgeschäft entgehen zu lassen …

»Wir glauben an den Markt in Brasilien«, sagt auch Julian Thomas, Chef von Hamburg Süd in Brasilien, die vor Ort 1.000 Menschen beschäftigt. »Man kann nicht so langfristig planen wie in Deutschland«, erklärt er. »Vielmehr muss man schnell und flexibel sein.« Aber investieren sollte man »ganz unbedingt«. Vorausgesetzt, man ist bereit, das ohne deutsche Schwermut zu tun. »In Brasilien gehört sich das nicht.« Auch dem allfälligen Pessimismus in schwierigen Zeiten will er nicht folgen. »Krisen haben wir hier schon viele erlebt«, sagt Thomas fast lapidar. Man richtet sich darauf ein und macht weiter; Weltuntergangsszenarien und Katastrophenverliebtheit gehören nicht ins Portfolio.

Diejenigen Krisen, die zu einem Teil Lateinamerikas Ruf schädigten, sind übrigens längst vorbei. »Es wäre gut, sich einmal auf den neuesten Stand zu bringen«, rät Thomas, anstatt ahnungslos die Zukunft zu verschlafen.

»Man sieht es hier mit Erstaunen«, fährt er fort, »dass nur so wenige deutsche Unternehmen den Blick nach Brasilien wenden und stattdessen ein ungleich größeres Risiko in China oder Indien eingehen.« – »Die Türen sind weit offen«, die deutsche Industrie hat nach wie vor einen »irre guten Ruf«.

Und es ist gar nicht so weit.

Zwölf bis 14 Tage ist man heute mit dem Schiff zwischen Santos und Hamburg unterwegs.

»Südgehend geht es schneller.«

Die Hamburg Südamerikanische Dampfschifffahrts-Gesellschaft

Die Hamburg Süd beschäftigt weltweit etwa 4.200 Mitarbeiter, betreibt 177 Schiffe und verfügt über einen Pool von rund 258.000 Containern. Rund 15 Prozent der Container sind Reefer-Container, in denen Kühlgüter transportiert werden – in den Containerverkehr war man 1970 eingestiegen. Seit 1998 gehört die Aliança als Schwesterunternehmen zur Reedereigruppe. Zu ihren Dienstleistungen zählt unter anderem das Cabotage-Geschäft, also Transporte zwischen brasilianischen Häfen, die nur von brasilianischen Reedereien und Schiffen unter brasilianischer Flagge abgewickelt werden dürfen. Aus Deutschland fährt die Hamburg Süd vor allem Fertigwaren nach Brasilien – Maschinen, Autos, Autoteile und Chemikalien. Aus Brasilien kommen Holz, Obst und Gemüse, Zucker, Fleisch, Geflügel, zunehmend Chemikalien, immer mehr Kunststoffe, Stahl und Kaffee – »Kaffee geht eigentlich immer.«

Coffeetable

»Alles spricht für Brasilien.«

Michael R. Neumann, Neumann Kaffee Gruppe

»Kaffee ist besonders«, sagt Michael Neumann. Ein Getränk für viele, eine Spezialität für Gourmets und eine Commodity, die an den internationalen Rohstoffbörsen gehandelt wird. Er ist ein Genussmittel, das einer individuellen Entscheidung unterliegt – einerseits. Andererseits ist er ein weltweit standardisierter Rohstoff. »Hier die Tasse Kaffee – da die Asset class«, fasst Neumann den vielschichtigen Charakter des anregenden Stoffs zusammen, mit dem die Firmen der Neumann Kaffee Gruppe handeln.

1934 begann Neumanns Vater, Hanns R. Neumann, als Kaffeemakler in Hamburg. Nach der Übernahme der Bernhard Rothfos AG entstand schließlich 1990 die Neumann Kaffee Gruppe, die mit Michael R. Neumann an der Spitze zu einem weltweit agierenden Unternehmen wurde. Seit 2004 ist Neumanns Sohn David Sprecher des Vorstands, Michael Neumann ist Aufsichtsratsvorsitzender.

Kaum eine Frucht hat sich derart rasant über den Globus verbreitet wie der Kaffee, der der Legende zufolge von Hirten in der äthiopischen Provinz Kaffa entdeckt wurde, als ihre Ziegen nach dem Genuss der Beeren nicht in Schlaf kamen. Im 14. Jahrhundert breitet sich der Kaffee im Nahen Osten aus, Hauptumschlagplatz ist die Hafenstadt Mokka, heute al-Mukha im Jemen. Seit dem 17. Jahrhundert macht sich der Kaffee in Europa heimisch, wo er lange eine Spezialität für wohlhabende Gourmets bleibt. Die europäischen Kolonialmächte lassen ihn schließlich in ihren überseeischen Besitzungen anbauen.

Heute trinken anderthalb Milliarden Menschen weltweit Kaffee, 150 Millionen Menschen leben von ihm, Brasilien ist der weltgrößte Kaffeeproduzent, hier sind es acht Millionen Menschen, die mit Kaffee ihren Lebensunterhalt verdienen. Am Beginn des 18. Jahrhunderts waren die ersten Pflanzen nach Brasilien gekommen, und insbesondere seit dem 19. Jahrhundert fand der Kaffee reißenden Absatz in Europa, wo der Konsum inzwischen stark gestiegen war. Die Kaffeebarone aus São Paulo gehörten bis in die Zeit der »Alten Republik« hinein zur schwerreichen Oligarchie, die die Geschicke des ganzen Landes bestimmte.

Michael Neumann kam zum ersten Mal 1958 in die »Kaffeerepublik« Brasilien und blieb für anderthalb Jahre. Er erlebte in den ländlichen Regionen eine wenig dynamische Gesellschaft, patriarchalisch geprägt und arm. »Das Land litt zudem unter den schlechten Terms of trade mit den USA und Europa«, erklärt der Kaufmann.

»Heute ist Brasilien ein Industrieland«, rückt er die Vorstellungen von »Urwald« und Rückständigkeit zurecht, die sich nicht von alten Klischees trennen können, wenn von dem riesigen Land im Süden Amerikas die Rede ist. Weite Teile des Landes sind durchtechnisiert, große Bereiche der Kommunikation zwischen Bevölkerung und Behörden spielen sich hocheffizient im Internet ab, und in vielen Branchen spielt das Land ganz vorn mit. Und ganz abgesehen von Autoindustrie, Flugzeugbau und Software-Imperien ist Brasilien weltweit führend im modernen Agribusiness. »Der Nahrungs-mittelbedarf steigt weltweit«, sagt Neumann. »Alles spricht für Brasilien.«

Und alles spricht für Kaffee – in mehrfacher Hinsicht. »Es wird zwar einen Wettbewerb um Land und Arbeits-kräfte geben zwischen dem Anbau von Cash crops und nachhaltig angebauten Produkten«, erklärt Neumann. Zucker und Soja verschlingen schon heute riesige An-bauflächen. Aber die Anstrengungen um Nachhaltigkeit sind enorm in Brasilien und rücken auch immer mehr ins Bewusstsein der Bevölkerung.

Um den Wettlauf zwischen Cash crops und Nachhal-tigkeit nicht aus dem Ruder laufen zu lassen, hat die Regierung in Brasilia ein Zoning law verabschiedet. Da-nach ist es nicht erlaubt, beliebig Kaffeeland in Zucker-anbaufläche umzuwandeln.

Bei den Anstrengungen um Nachhaltigkeit geht es aber auch um langfristige Arbeitsplätze und den Zuschnitt ganzer Regionen. »Der Kaffeeanbau hat Familiencha-rakter«, erzählt Neumann. Und er wird in kleinbäuerli-chen Betrieben kultiviert, 100.000 an der Zahl.

»Die Baumfrucht hält den Menschen auf der Scholle.« Anders als die schnelllebigen Jahrespflanzen, die von Tagelöhnern unter schlechtesten Arbeitsbedingungen eingebracht werden und zudem die Böden auslaugen.

»Sehen Sie sich den Unterschied zwischen den Zucker-anbaugebieten und den Kaffeestädten an«, empfiehlt Neumann.

Nachhaltige Kaffeewirtschaft – sozial und ökologisch verstanden – ist bei Neumann ein großes Thema, nicht nur in der 2005 gegründeten Hanns R. Neumann Stif-tung, sondern auch im operativen Geschäft. »Engage-ment und Erfolg gehören zusammen«, ist Michael Neu-mann überzeugt. »Das darf aber nicht heißen, die Menschen an den Tropf zu hängen und sie abhängig zu machen«, erklärt er. »Es kann nur darum gehen, ihnen eine bessere Teilnahme am Marktgeschehen zu ermög-lichen.«

Kaffee ist in Brasilien noch immer ein wichtiges Export-produkt, eine Commodity, die an den internationalen Rohstoffbörsen gehandelt wird. Aber inzwischen hat er auch eine starke soziale Bedeutung, nachdem die Brasi-lianer 40 Prozent der eigenen Ernte selbst konsumieren – als Getränk für viele: Der »Cafezinho«, der kleine Kaffee, ist überall. In großen Hotels und kleinen Pousa-das steht er immer bereit, sogar in Banken ist er anzu-treffen … neuerdings kommt der Espresso dazu: als Spezialität für die Gourmets. »Kaffee ist besonders.«

Neumann Kaffee Gruppe

»Wir könnten auch auf einem Schiff auf dem Atlantik sitzen«, sagt Michael Neumann. »Wir empfinden uns nämlich in der Mitte zwischen Pflanzer und Hausfrau.« Der Knotenpunkt der Neumann Gruppe könnte überall sein, weil die Gruppe überall ist – mit 47 Tochtergesellschaften in 28 Ländern ist Neumann in allen wichtigen Märkten vertreten. 2.100 hoch qualifizierte Beschäftigte arbeiten weltweit für das Hamburger Unternehmen, das fast eine Million Tonnen Kaffee weltweit bewegt – 14 Millionen Sack à 60 Kilogramm.

Kaffee ist das Kerngeschäft – sei es Anbau, sei es Verarbeitung und Veredelung, sei es Transport oder der Import von Kaffee in die Verbrauchermärkte. Die Gruppe engagiert sich weitgehend in Schwellenländern. Nachhaltigkeit spielt dabei eine entscheidende Rolle.

In Brasilien baut Neumann auf der Fazenda da Lagoa (Bundesstaat Minas Gerais) feinsten Arabica an. Die Exportfirma hat ihre Niederlassung 70 Kilometer südlich von São Paulo in Santos, am Sitz der alten Kaffeebörse, die heute ein Museum ist.

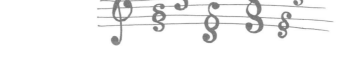

Rechtsgelehrte

»Brasilien hat sich enorm verändert.«
Thomas Felsberg

Wenn man die Kanzlei Felsberg *e* Associados an der Aveni-
da Paulista in São Paulo betritt, fällt der erste Blick auf
die Bibliothek. Die Gelehrsamkeit verleiht der Geschäf-
tigkeit eine ruhige Note. Sieben Sprachen werden hier
gesprochen – die Klienten kommen aus der ganzen
Welt.

»In den 50er- und 60er-Jahren konnte man als Unternehmer in Brasilien nicht viel falsch machen«, sagt
Kanzleigründer Thomas Felsberg. Der Beginn des brasi-

lianischen Wirtschaftswunders war auch die Zeit, als viele deutsche Unternehmen ins Land kamen, einige errichteten zunächst Handelsniederlassungen … »Es ist der typische Verlauf«, sagt Christian Moritz, Leiter des »German Desk« bei Felsberg. »Zuerst kommt ein Handelsvertreter, dann verabredet man ein Joint Venture und schließlich steigt man in die Produktion ein.«
Viele von Felsbergs Klienten unter den deutschen Firmen gehören zu diesen Alteingesessenen. Und es gab eine Zeit, als nur wenige neue dazukamen. Nach der deutschen Wiedervereinigung war der Blick nach Osteuropa gerichtet, schließlich strebte alles nach China – Lateinamerika insgesamt, einst ein Schwerpunkt deutscher Investitionen in Übersee, geriet aus dem Blick. Nach 20 Jahren ändert sich dies wieder, registrieren die Anwälte in São Paulo. »Brasilien ist wieder interessant geworden«, sagt Thomas Felsberg. Die Anfragen deutscher Firmen, die an einen Markteintritt denken, nehmen seit der Jahrtausendwende kontinuierlich zu.

Auch heute gibt es Grund genug, den Schritt zu wagen. »Brasilien hat sich enorm verändert«, sagt Felsberg. »Das Land hat ein gut entwickeltes Rechtssystem.« Und die Verfassung von 1988 brachte – mit Ausnahme einiger weniger Branchen – die Gleichstellung ausländischer Firmen. Christian Moritz zählt die vielfältigen

Einflüsse auf dieses Rechtssystem auf, die auch ein wenig die unterschiedlichen Einwanderergruppen widerspiegeln: das Strafrecht aus Italien, Familien- und Erbrecht aus Frankreich und Portugal, die allgemeinen Regeln des Privatrechts aus Deutschland …

Die Familie Felsberg entstammt vermutlich ursprünglich einer kleinen Stadt in Hessen namens Felsberg, Thomas Felsbergs Vater wurde in Hamburg geboren, und der deutsch-brasilianische Anwalt ist nicht ganz unvertraut mit so mancher kleinen Schwäche deutscher Investitionswilliger, die nach Brasilien kommen.

»Nun, sie denken gern: ›Das sind die Tropen, so streng wird es hier schon nicht zugehen‹«. Dass dies ein fataler Irrtum ist, hat der eine oder andere schon schmerzhaft erfahren müssen. »Man sollte auf keinen Fall der Versuchung erliegen, brasilianischen Freunden oder Partnern auf komplizierte informelle Wege folgen zu wollen«, warnt der Jurist. »Der ganz gerade Weg ist der einzig sinnvolle.« Dann kommt man zum Nutzen und Frommen aller Beteiligten mit Sicherheit zu einem guten Abschluss. Ganz sicher nachahmenswert ist die freundliche Geschmeidigkeit im Umgang miteinander und die Flexibilität im Denken und Handeln, die in Brasilien auch in schwierigen Situationen den Alltag erleichtern. Thomas Felsberg: »Es fließt besser.«

Felsberg e Associados

Felsberg *e* Associados ist eine Full-Service-Anwaltskanzlei mit deutsch-brasilianischen Wurzeln. Thomas Felsberg gründete sie im Jahr 1970. Heute begleiten mehr als 100 Anwälte – in Zusammenarbeit mit dem German Desk in São Paulo – Unternehmen, Finanzinstitute, Vereine und Stiftungen aus Deutschland, Österreich und der Schweiz bei ihren wirtschaftlichen Aktivitäten in Brasilien. Felsberg berät dabei in allen für das internationale Wirtschaftsgeschehen relevanten Rechtsgebieten. Neben dem Stammsitz in São Paulo existieren Büros in Rio de Janeiro, Brasilia und Campinas, außerdem in den USA und China und seit 2008 auch in Deutschland.

Damit bietet Felsberg *e* Associados seit Jahrzehnten für seine Mandanten aus dem deutschen Sprachraum maßgeschneiderte Expertise und Erfahrung für den Erfolg im deutsch-brasilianischen Außenhandel sowie beim Aufbau, Betrieb, Verkauf und bei der Schließung von Vertriebs- oder Produktionsstrukturen in Brasilien.

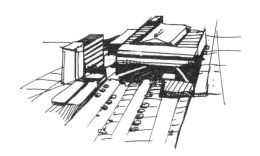

Farbenspiele

» Wir verstehen uns als brasilianisches Unternehmen.«

Rolf-Dieter Acker, BASF S. A.

»Es ist ganz ähnlich verlaufen wie in Deutschland«, sagt
Rolf-Dieter Acker, Lateinamerikachef des weltgrößten
Chemiekonzerns, BASF, wenn er Teile der Entwicklung
des deutschen Industrieclusters in São Paulo beschreibt.
Ein paar Große gingen vor, und die Kleineren, die Zulieferer etwa, siedelten sich in der Nähe an. Das heißt
aber nicht, dass es zugeht wie in Deutschland. »Wir
verstehen uns als brasilianisches Unternehmen«, sagt
Acker. Die Konzernsprache ist Portugiesisch, und die

meisten Beschäftigten sind Brasilianer. »Expats« haben 100 Tage Zeit, die Landessprache zu lernen. »Dann werden sie exponiert.«

Rolf-Dieter Acker ist seit zehn Jahren in Brasilien, war von Beginn an fasziniert und lernte die Landessprache. »Besser anfangs falsch reden als gar kein Portugiesisch«, hat er gelernt. Sprachkenntnisse öffnen viele Türen.

Im Laufe dieser zehn Jahre hat Acker Krisen erlebt, wie man sie in Deutschland gar nicht kennt. In Brasilien waren es Hyperinflation und Abwertung, in Argentinien gar der Staatsbankrott. So etwas verändert den Blick auf die Dinge. Die typisch deutsche Schwarzmalerei ist Acker fremd geworden. »Die Brasilianer sehen den Käse, die Deutschen sehen die Löcher im Käse …« beschreibt er einen Unterschied, der gerade in Krisen zum Tragen kommt. »Brasilianer haben immer den klaren Willen, aus schwierigen Situationen noch das Beste zu machen«, sagt Acker. »Und auch wenn es nicht so gut läuft, hat man deswegen keine schlechte Laune.«

Was nicht heißt, dass man Samba tanzend und Caipirinha trinkend fröhlich in den Untergang rauscht. Brasilien sei Weltmarktführer auf vielen Gebieten, betont Acker, zudem ein wachsender Markt, und das Land bearbeite mit Beharrlichkeit die gravierenden Probleme, die es nach wie vor habe.

»Brasilien hat so viele Facetten, die in Deutschland zumeist gar nicht gesehen werden«, weiß der Manager. Außerdem ist das Land viel zu groß, um alles pauschal über einen Kamm scheren zu können. »Man kann ja nicht einmal München, Leipzig und Hannover miteinander vergleichen.«

Acker, der lange auch Präsident der Außenhandelskammer in São Paulo war, erlebt immer wieder, mit welcher Unkenntnis und mit welchen Vorurteilen von »Unterentwicklung« Politiker, Unternehmer und Manager ins Land kommen. »Da ist zu viel Holzschnitt«, sagt er. Und zu viele Wissenslücken. »Das simple Wirtschaftsweltbild kennt China, die USA und Japan mit den entsprechenden Zuschreibungen.« Zu erfahren, dass deutsche Firmen am brasilianischen Bruttoinlandprodukt einen Anteil von acht Prozent haben, sorgt in der Regel für die nächste Überraschung. Und dass dann noch ein linker Präsident eine allseits gelobte Wirtschaftspolitik macht, »passt auch nicht in unsere Kategorien«, lacht Acker. »In Deutschland denkt man immer in messerscharfen Ideologien, hier ist man vor allem pragmatisch«, – anstatt mit teutonischer Gesinnungsstärke übereinander herzufallen.

BASF S. A.

Die Ludwigshafener BASF gehört zu den großen »Alten«vor Ort. Die Badische Anilin & Soda-Fabrik hatte bereits 1911 mit dem Verkauf von Anilin und Alizarin für die brasilianische Textil- und Lederindustrie begonnen. Wie viele andere unterhielt man eine Handelsrepräsentanz in der damaligen Hauptstadt Rio de Janeiro. Im August 1955 entschloss sich das Unternehmen, auch in Brasilien zu produzieren und errichtete ein Werk in Guaratinguetá, zwischen Rio und São Paulo gelegen. Inzwischen gibt es sechs Produktionszentren, im Wesentlichen im Großraum São Paulo, die das ganze Spektrum eines Chemieunternehmens von klassischen Industriechemikalien über Farben und Agrarprodukte bis hin zu Zulieferprodukten für die Automobilindustrie bietet.

129

Die Länderberichte des Lateinamerika Vereins enthalten ausführliche Informationen zu Politik, Wirtschaft, Branchen und Unternehmen des jeweiligen Landes. An dieser Stelle ist der Länderbericht eine Momentaufnahme und dient lediglich als Beispiel. Daher erscheinen hier nur einige wenige Komponenten. Detaillierte Länderberichte erhalten Mitglieder des Lateinamerika Vereins monatlich.

Auszug aus dem Länderbericht des Lateinamerika Vereins vom Mai 2009

Basisdaten im Überblick	2007	2008	2009
BIP Wachstum Statistikinstitut IBGE/Regierung P	5,7%	5,1%	2,0% P
Industriewachstum – IBGE/Industrieverband CNI	4,9%	3,2%	-2,8% P
realor Anstieg der Industrieumsätze – CNI	5,1%	5,7%.	-3,0% P
Export – Entwicklungsministerium	US$ 160,649 Mrd.	US$ 197,942 Mrd.	US$ 43,499 Mrd. x
Import – Entwicklungsministerium	US$ 120,610 Mrd.	US$ 173,197 Mrd.	US$ 36,777 Mrd. x
Referenzzinssatz Selic April Zentralbank	12,50%	11,75%	10,25%

Basisdaten im Überblick	2007	2008	2009
Wechselkurs US$/Real 7.5. – Zentralbank	R$ 2,0258	R$ 1,6733	R$ 2,0976
P=Prognose Regierung/X= Januar–April			

Politische Rahmenbedingungen – Weitere Krisenbekämpfungsmaßnahmen

Abgesehen vom US$ 280 Mrd.-Programm zur Beschleunigung des Wirtschaftswachstums (PAC) haben die Regierung und die Zentralbank Brasiliens seit September 2008 insgesamt US$ 225 Mrd. für die Bekämpfung der Weltwirtschaftskrise aufgewandt. Weitere Maßnahmen von Staat und Privatwirtschaft sollen das Land wieder auf Wachstumskurs bringen: Am **131** 30.3.2009 verfügte die brasilianische Regierung eine Senkung der Industrieproduktsteuer IPI für Baumaterialien, Sanitäreinrichtungen, Badausstattungen usw. um 5%, die für einen Zeitraum von drei Monaten gelten soll. Gleichzeitig wurden auch die Steuererleichterungen für Kfz um weitere drei Monate verlängert. Für Motorräder wurde die Confins-Steuer von 3% ausgesetzt. Körperschaftssteuererleichterungen gelten bei Erfüllung gewisser Auflagen (z. B. Wiederaufforstung) für Unternehmen im Amazonas-Bereich (Sudam). Insgesamt kostet dies die Regierung R$ 1,675 Mrd. Nur ein Teil dieses Einnahmeverlustes wird durch eine gleichzeitige Erhöhung der Zigarettensteuer um insgesamt

R$ 975 Mio. kompensiert. Der Absatzpreis der Zigaretten geht dadurch um rund 25 % in die Höhe.

Am 17.4.2009 reduzierte die Regierung die Industrieprodukt-steuer für große Elektrohaushaltsgeräte um bis zu 10 %. Dies bedeutet weitere Steuereinbußen von R$ 261 Mio. Diese Maß-nahme führte in nur zwei Tagen zu einem Anstieg des Absatzes der Branche um 20 %. Mitte April 2009 kündigte die Regierung eine zusätzliche Kreditlinie von R$ 12,6 Mrd. für die Unterstüt-zung des Agrarsektors an. (...)

Binnenwirtschaft – Neue Prognosen für 2009

In der zweiten April-Hälfte schwanken die Prognosen für das BIP-Wachstum 2009 zwischen +2 % und -1,3 %. Der Mittelwert wäre somit immer noch positiv, auch wenn das Pro-Kopf-Ein-kommen damit deutlich zurückginge.

Industrieproduktion rückläufig

Gemäß IBGE ging die Industrieproduktion Brasiliens im Februar 2009 gegenüber dem entsprechenden Vorjahresmonat um 17 % zurück. Gegenüber Januar d.J. wurde ein leichter Zu-wachs um 1,8 % registriert. – Im März 2009 wurde gegenüber dem Vormonat erneut ein leichter Anstieg gemessen, der bei 0,7 % lag. Gegenüber März 2008 ergab sich aber ein Rück-gang um 10,9 %. – Kumuliert schrumpfte die Industrieprodukti-on im 1. Quartal 2009 um 14,7 %. (...) Allerdings nahm der von der Getúlio-Vargas-Stiftung ermittelte Vertrauensindex der In-dustrie (ICI) im März 2009 um 2,2 Prozentpunkte auf 77,9 % zu.

Im April d.J. stieg er sogar um 6,8 Prozentpunkte auf 84,6%.

In der vom Weltwirtschaftsforum veröffentlichten Rangliste der Wettbewerbsfähigkeit verbesserte sich Brasilien um 8 Plätze auf Platz 64. Insgesamt waren 134 Länder untersucht worden. (...)

Leitzins weiter gesenkt

Am 29.4.2009 senkte das währungspolitische Komitee der Zentralbank (Copom) den Referenzzinssatz Selic um 1 Prozentpunkt auf 10,25%. Das ist zwar der bisher niedrigste Wert. Nach Meinung der Wirtschaftsverbände und Industrieunternehmen wäre aber angesichts der Krise eine noch stärkere Verringerung des Zinsniveaus angebracht gewesen. (...)

Außenwirtschaft – Außenhandel weiter unter Vorjahresniveau

Im März 2009 exportierte Brasilien Waren im Wert von US$ 11,809 Mrd. Das waren 6,4% weniger als im Vorjahresmonat. Die Importe gingen gleichzeitig um 13,7% auf US$ 10,038 Mrd. zurück. – Im April d.J. verringerten sich die Exporterlöse gegenüber dem Vorjahresmonat um 12,3% auf US$ 12,322 Mrd. und die Importe sogar um 30,1% auf US$ 8,610 Mrd. – Kumuliert waren die Exporte in den ersten vier Monaten 2009 um 16,5% auf US$ 43,499 Mrd. zurückgegangen und die Importe um 22,8% auf US$ 36,777 Mrd. Der Handelsbilanzüberschuss von US$ 6,722 Mrd. lag wegen der geringeren Importdynamik um 49,4% über dem vergleichbaren Vorjahreswert. – Das Wirtschaftsministerium prognostiziert für

133

2009 einen Rückgang der Exporterlöse um rund 20% auf US$ 160 Mrd. (...)

China: Im 1. Quartal 2009 verdoppelte China seinen Anteil an den brasilianischen Exporten auf 11%. Die absolute Summe stieg um 63% auf US$ 3,4 Mrd. an. Im Monat April 2009 wurde China mit Im- und Exporten von US$ 3,2 Mrd. erstmals in der Geschichte wichtigster Handelspartner Brasiliens.

Branchenentwicklungen – Absatz-Rekord im März

Gemäß dem Kfz-Einzelhandelsverband Fenabrave wurde im März 2009 mit dem Verkauf von 418.435 neuen **Kfz** der bisherige Absatzrekord für diesen Monat erreicht. Auch der Verband der brasilianischen Automobilindustrie Anfavea meldet für März einen Anstieg der Neuregistrierungen gegenüber dem erfolgreichen Vorjahresmonat. Hauptgrund dafür war die Befürchtung, dass die Reduzierung der Industrieproduktsteuer für neue Kfz über den Berichtsmonat hinaus nicht verlängert werden würde. Im April d.J. gingen die Neuzulassungen gegenüber dem Vorjahresmonat auch deshalb um 10,3% zurück, weil die Endabnehmer Käufe im März vorgezogen hatten. Insgesamt ergab sich kumuliert für die ersten vier Monate 2009 ein leichter Absatzrückgang um 0,7%. – Der Rückgang der Kfz-Produktion blieb sowohl im März als auch im April d.J. mit -16,8% bzw. -15,8% unter dem Niveau der Vormonate. Kumuliert ergab sich für den Viermonatszeitraum eine Abnahme der Produktionszahlen um 16,4%. – Beim mengenmäßigen Export

(März -52,3%, April -45,9%) und den Exporterlösen (März -48,6%, April -54,5%) setzte sich dagegen der negative Trend der Vormonate ungebrochen fort.

Im 1. Quartal 2009 wurden nach Angaben von Abraciclo in Brasilien 309.610 **Motorräder** abgesetzt. Das waren 38,8% weniger als im Vorjahreszeitraum.

Nach Angaben des Branchenverbandes Serasa nahmen die Einzelhandelsumsätze in Brasilien in den ersten vier Monaten 2009 gegenüber dem Vorjahreszeitraum um 3,9% zu.

2008 wurden in Brasilien 11,8 Mio. **PCs und Notebooks** abgesetzt. Das waren 10,6% mehr als im Vorjahr.

Der Import von **Textilmaschinen** stieg 2008 um 48,4% auf US$ 782 Mio. an. Dieser Trend setzte sich leicht abgeschwächt auch in den ersten beiden Monaten 2009 fort. Knapp ein Viertel der Maschinen kommt aus Deutschland.

Brasiliens **Bekleidungsbranche** erwartet 2009 nach Angaben von Abit einen Umsatzzuwachs zwischen 2,5% und 3%.

Im März 2009 nahm Brasiliens **Rohstahlproduktion** gegenüber Februar zwar um 4,7% auf 1,7 Mio. t zu. Gegenüber dem entsprechenden Vorjahresmonat wurde aber ein kräftiger Rückgang um 41,5% registriert. Kumuliert wurden im 1. Quartal 5 Mio. t Rohstahl produziert, also 42,1% weniger als im gleichen Vorjahreszeitraum. Nach Angaben des Verbands der Stahlindustrie, IBS, wollen die Stahlwerke rund zwei Drittel der vor Ausbruch der Weltwirtschaftskrise geplanten Investitionen von

US$ 46 Mrd. entweder verschieben oder ganz streichen.

Brasiliens Markt für **Umwelttechnologien** (Abwasser, Müllentsorgung und Emissionen) hat derzeitig ein Investitionsvolumen von rund US$ 5 Mrd. pro Jahr. Dieser Betrag soll bis 2020 um jährlich 5–7 % steigen.

Gemäß EPE stieg der gesamte Energieverbrauch Brasiliens (Strom und Treibstoffe) im Jahr 2008 um 5,6 % an.

Unternehmensmeldungen

Im März 2009 baute VW do Brasil das zweimillionste Fahrzeug mit Flex-Fuel-Antrieb, das wahlweise Benzin, Ethanol oder Mischungen aus beiden Kraftstoffen verbrauchen kann. 2008 waren 87 % aller Neuwagen in Brasilien mit einem solchen Antrieb ausgestattet. – Im März 2009 stiegen die Umsätze des Unternehmens in Brasilien gegenüber dem Vorjahresmonat um 17,4 % an.

Im Jahr 2009 will die Bayer AG in Brasilien US$ 64 Mio. investieren.

Die französische Supermarkt-Kette Carrefour will für US$ 26 Mio. die brasilianische Gimenes-Gruppe übernehmen, die über 23 Supermärkte in São Paulo verfügt. – Wal-Mart hat den Bau von 30 neuen Supermärkten im Nordosten Brasiliens für US$ 205 Mio. angekündigt.

Für rund US$ 600 Mio. will der chinesische Kfz-Hersteller Chery in Brasilien eine Fabrik für die Produktion von 150.000 Fahrzeugen pro Jahr errichten.

Das brasilianische Erdölunternehmen Petrobras will bis 2013 allein in Brasilien US$ 92 Mrd. investieren. Zusammen mit den gleichzeitig geplanten Auslandsaktivitäten würde dann der Investitionsetat auf über US$ 100 Mrd. ansteigen. (…)

Peter Rösler, Länderreferent Brasilien

137

138 MC Gringo oder die Verwischung der Grenzen

Von Sérgio Costa

»Funkeiros« nennt man die Musiker, die dem »Funk carioca« folgen, einer Musikrichtung, die sich aus der Rezeption der US-amerikanischen Black Music in den 1970er- und 1980er-Jahren zunächst im Stadtzentrum und danach in den Favelas und armen Bezirken der Peripherie Rio de Janeiros verbreitet hat. Seitdem avancierte der Funk zu einer Massenbewegung.

Seit einiger Zeit ist auch ein gewisser MC Gringo unter den gefragtesten Funk-Künstlern zu finden. Eigentlich heißt MC Gringo Bernhard Hendrik Hermann Weber

Ramos de Lacerda. Als Sohn einer Arbeiterfamilie aus dem Stuttgarter Umland kam er mit einer brasilianischen Freundin, danach Ehefrau, nach Rio und wohnte zuerst am Meer, in Copacabana. Als das Geld knapp wurde, sah sich das Paar gezwungen, in die Favela Pereira da Silva umzuziehen. In seinem ersten Hit »Eu sou alemão« – »Ich bin deutsch« spielt MC Gringo mit der Bedeutung des Worts »alemão«, das in der Peripherie Rios als Synonym für »Feind« gilt – die Freunde dagegen werden »russos«, also Russen genannt. Später entstanden Lieder von MC Gringo, die den Lebensalltag in den Favelas thematisieren, wie es sonst bei den einheimischen Funkeiros geschieht: »Das ist kein Fake«, sagte er, »Ich kämpfe halt schon ums Überleben hier.« In jüngster Zeit geht MC Gringo immer wieder auf internationale Touren in den USA und auch in Europa. Mit seinem gebrochenen Englisch und dem etwas gewöhnungsbedürftigen Portugiesisch gelingt es ihm, in den Szeneclubs in London, Barcelona oder New York Tausende nach dem Rhythmus des in Rio neu erfundenen Funk zum tanzen zu bringen. Mehr noch als eine persönliche, ja, als Erfolgsgeschichte stellt MC Gringo ein anschauliches Beispiel kultureller Entgrenzung dar.

Nationale Illusionen und die Wissenschaft

MC Gringo ist auch ein gutes Beispiel dafür, wie Globalisierung funktioniert.

Gesellschaftliche Prozesse – seien sie nun kultureller, politischer oder wirtschaftlicher Natur – sind nur noch selten räumlich eindeutig zuzuordnen. Die Vorstellung, wonach nationalstaatliche Grenzen eine Einheit umfassen, innerhalb derer sich Politik, Gesellschaft, Kultur und Wirtschaft national und deutlich von anderen Ländern getrennt entwickeln, erweist sich immer mehr als Illusion. Aber die Wissenschaften, deren Aufgabe es auch ist, Orientierung zur Verfügung zu stellen, etwa die Soziologie und die Politikwissenschaft, aber auch die Kultur- und Literaturwissenschaften, institutionalisierten sich als nationale Wissenschaften, die das Nationale – das heißt die nationale Gesellschaft, die nationale Kultur, die nationale Literatur usw. – zu ihrem privilegierten Untersuchungsgegenstand machten. Nun sehen sich diese als national konzipierten Wissenschaften vor der Aufgabe, über die Grenzen des Nationalen hinauszuschauen.

Die zentralen Begriffe unserer Wissenschaften wie etwa Entwicklung, Kultur und Staatsbürgerschaft büßen ihre Eindeutigkeit ein, wenn Entwicklungsressourcen global gehandelt werden, Kulturen nicht mehr eindeutig national zuzuordnen sind und ein erheblicher Teil der Weltbevölkerung eine multinationale Biographie aufweist. Die Politik reagiert zögerlich und nicht immer adäquat. Doch die Problemlagen, die im Kompetenzfeld der Politik liegen, kennen gewiss keine verwaltungs- oder nationalstaatlichen Grenzen mehr. Dennoch bleiben die Politik und vor allem die staatliche Form der Politik national verhaftet. Selbst evidente transnationale Fragen wie Klima, Migration, Finanzkrise, Terrorismus und Armut werden innerhalb der mentalen Grenzen des Nationalstaats behandelt, denn die damit betrauten Staatsvertreter versuchen bei dem Umgang mit derartigen entgrenzten Problemen stets vermeintliche nationale Interessen in den Vordergrund zu stellen.

141

Entgrenzungen: welche deutsche Kultur?

Die Konstituierung moderner Nationen sowohl in Europa als auch in Lateinamerika erwies sich als ein erfolgreicher Auswahlprozess kultureller Gemeinsamkeiten, die jede Nation historisch zu einer singulären »Imagined Community« gemacht haben, wie es in der mittlerweile kanonischen Formulierung Benedict Andersons heißt. In jüngerer Zeit hat sich dieses Bild allerdings erheblich verändert.

Es geht hier um zwei zusammenhängende Prozesse, die dazu führen, dass die Alleinstellungsmerkmale der Nationen ihre Eindeutigkeit immer mehr verlieren. Einerseits handelt es sich um die kulturellen Verflechtungen innerhalb einer immer dichter zusammengerückten Weltgesellschaft. Kulturelle identitätsstiftende Phänomene werden heute also nur selten national eingebettet: Sie sind oft lokal, regional oder transnational, jedoch nicht mehr national strukturiert. Andererseits macht es die fortschreitende Pluralisierung innerhalb jeder einzelnen Nation beinahe unmöglich, nationale Alleinstellungsmerkmale plausibel zu definieren und überzeugend zu vermitteln. Im Falle Deutschlands nehmen diese grundsätzlichen Schwierigkeiten ein besonderes Ausmaß an, denn der Entgrenzungsdruck fällt dort mit zwei umfassenden Entwicklungen zusammen, welche die Erfassung einer deutschen nationalen Kultur unmittelbar beeinflussen. Dies sind: die Anerkennung Deutschlands als Einwanderungsgesellschaft und die europäische Integration. Aus diesen zwei Prozessen ergeben sich verschiedene und eigentlich nicht immer kompatible Bilder deutscher nationaler Identität. Der Anschluss an Europa verbindet sich mit einem universalistischen Diskurs, der, in Abgrenzung zur US-amerikanischen Empire-Politik, Toleranz, Solidarität und Weltoffenheit zum Kern europäischer und somit auch deutscher Identität proklamiert. Tatsächlich findet die Weltoffenheit aber ihre Grenzen, wenn man sich von Fremden bedroht fühlt oder etwa auch bei Migrantenkindern, die als Kulturschaffende schon die höchsten Preise gewonnen haben, deren Kulturprodukte aber in der Regel nicht als ein Teil der »deutschen Kultur« angesehen werden.

Die neue Generation erfolgreicher Musiker mit zumeist arabischen oder türkischen Vorfahren gilt hier als Paradebeispiel. Sie sind in Deutschland geboren und aufgewachsen und sprechen in ihren Songs alltägliche Dramen deutscher Städte an. In gewisser Hinsicht erobern sie sogar das Deutsch als akzeptable Gesangssprache für die deutschen Nachkriegsgenerationen zurück. Dennoch werden sie nicht als deutsche Stars präsentiert, sondern als eine Art Heimatlose, die aus ungeklärtem Grund auf Deutsch singen.

Beim Fußball, wo es um Sport und nicht um »Kultur« geht, ist es ganz anders: Außer der NPD stört es niemanden in Deutschland mehr, dass die Stürmer der Nationalmannschaft Gómez, Kurányi, Neuville oder Podolsky heißen.

Lateinamerika: vom Rassismus zum Multikulturalismus

Um die neueren in Brasilien und anderen lateinamerikanischen Ländern beobachteten Entwicklungen zu veranschaulichen, ist es angeraten, drei Phasen der modernen Ideologiegeschichte in der Region zu differenzieren:

eine erste Phase, in der der wissenschaftliche Rassismus vorherrscht, eine zweite Phase, in der der Mestiçagem-Diskurs dominiert, und die dritte aktuelle Phase, die vom Multikulturalismus geprägt ist.

Die erste Phase, die Vorherrschaft des wissenschaftlichen Rassismus, reicht vom Ende der letzten Dekaden des 19. Jahrhunderts bis zu den 1920er- und 30er-Jahren. Im Einklang mit dem europäischen wissenschaftlichen Rassismus wird hier die angeborene Überlegenheit des europäischen Menschen angepriesen, wobei die lateinamerikanischen Nationengründer unterschiedliche Formen entwickelten, um die jeweils lokale Bevölkerung in diesem biologischen Sinn zu europäisieren. Besonders prominent in der lateinamerikanischen Rezeption des wissenschaftlichen Rassismus waren die Ideen des deutschen Sozialdarwinisten Ernst Haeckel (1834–1919), der zu den Vorreitern der Eugenik zählt.

In Brasilien wurden seine Bücher vor allem durch die sogenannte Schule von Recife mit Sylvio Romero und Tobias Barreto an ihrer Spitze bekannt. Die Faszination der beiden nach eigener Bezeichnung Germanophilen für die sogenannten Arier kannte keine Grenzen und eignete sich schon seinerzeit für Anekdoten. Sie bewunderten den »genialen Bismarck« und glaubten, dass Deutschland durch seine koloniale Initiative in Afrika der Menschheit einen Dienst erweise. Barreto beunruhigten die Obsession der Brasilianer für Frankreich und vor allem der Einfluss des Positivismus. Von ihm stammt auch die Maxime: »Deutschland bringt bei, wie man denkt, Frankreich, wie man schreibt.« Unter dem Titel »Der deutsche Kämpfer« gründete Barreto eine Zeitschrift in deutscher Sprache, wobei es noch ungeklärt bleibt, wieviele Leser im Recife der 1870er-Jahre überhaupt Deutsch konnten. Als der Polemiker, der er war, handelte Barreto sich mehr Antipathien als Freundschaften ein, er schied krank und elend aus der Welt, und sein letzter Wunsch, den er auf dem Sterbebett verkündete, war: »Richtet mich auf! Ich will sterben wie ein preußischer Soldat!«

Das wissenschaftsrassistisch fundierte Interesse für Europa und insbesondere für Deutschland lässt erst mit der Durchsetzung des Mestiçagem-Diskurses ab den 1920er-Jahren nach. Dabei wird der Glaube an die biologische Überlegenheit des europäischen Menschen überwunden. An dessen Stelle tritt insbesondere in Brasilien die Mythologie von den sogenannten mestizischen Nationen, in denen alle Ethnien integriert seien und alle kulturellen Differenzen zu einem Gleichgewicht gefunden hätten.

Werden im Rahmen des Mestiçagem-Denkens der wissenschaftliche Rassismus und die davon abgeleitete

Überlegenheit der Europäer zwar überwunden, so bleibt aber dennoch die Selbstwahrnehmung einer kulturellen Minderwertigkeit gegenüber Europa auch in der zweiten Phase der modernen Ideologiegeschichte Lateinamerikas aufrechterhalten.

Die Teilung der Welt

Es handelt sich um die mentale trennscharfe Teilung der Welt in ein durch Europa und Nordamerika gebildetes Zentrum und eine als rückständig dargestellte Peripherie, zu der Lateinamerika gehört. Dabei wird das Zentrum, wie der Soziologe Wolfgang Knöbl formuliert, zu einem Endpunkt der Geschichte erklärt, zu dem alle peripheren Gesellschaften kommen müssen. Zentrum und Peripherie sind hier Kategorien, die nicht nur unterschiedliche technologische und ökonomische Entwicklungsniveaus darstellen, sondern sie umfassen Lebensformen, Kulturen und Wertekonstellationen. Damit wird alles, was in der Peripherie vom idealisierten Bild Europas und Nordamerikas abweicht, als Mangel, als ein noch Nicht-Vorhandenes erfasst.

Diese Selbstwahrnehmung bedingt auch die Erwartungen, die mit dem Kulturaustausch mit Europa verknüpft wird. Dieser wird nämlich als kulturelle Entwicklungshilfe konzipiert, die den lateinamerikanischen Gesellschaften heraus helfen soll aus ihrem peripheren, rückständigen Zustand. Erst jüngst im Laufe der dritten Phase moderner Ideologiegeschichte Lateinamerikas beginnt die Überwindung von Minderwertigkeitsvorstellungen, die die kulturellen Beziehungen zwischen Europa und Lateinamerika bis dahin geprägt hatten.

Es handelt sich hier um eine umfassende Wende, zu der sowohl intellektuelle und theoretische als auch politische Entwicklungen beitragen.

Provinz Europa

Auf der intellektuellen Ebene schließen sich unterschiedliche Gelehrte aus Lateinamerika an die Bemühungen an, »Europa zu provinzialisieren«, wie es der indische Historiker Dipesh Chakrabarty nennt.

Dabei werden die Entwicklung der Menschenrechte, des Wohlstandes und der Demokratie in Europa eineseits und die Entstehung von Kolonialismus, Sklaverei und Armut in Lateinamerika andererseits nicht mehr getrennt, sondern als unterschiedliche Dimensionen ein und derselben modernen Geschichte aufgefasst.

Auf der politischen Ebene erleben wir eine neuartige Herausforderung für die kreolischen Eliten, die mit wenigen Ausnahmen seit der Unabhängigkeit der lateinamerikanischen Länder die herrschende Gruppe bildeten. Wir sehen dies vor allem in Bolivien und Ecuador durch die Forderungen der indigenen Bevölkerung, aber auch in Brasilien anhand der Errungenschaften der schwarzen Bewegung. Dies verändert auch den Blick auf die Kulturen der jeweiligen Gruppen. Galten sie noch bis ins 20. Jahrhundert hinein als primitive Vorstufen einer in Europa entstandenen Zivilisation, wird ihnen heute ein genuiner Wert zugeschrieben.

Kultur ist kein Computerprogramm

Kulturtheoretisch gehen die aktuellen Transformationen in Lateinamerika mit einer Neubestimmung des Begriffs Kultur einher. Die Vorstellung, dass Kultur ein unveränderter Vorrat sei, von dem das Individuum Lebensformen, Werte und Identitätskonstruktionen mechanisch ableitet, wird von neueren Ansätzen der Kulturanthropologie und der Kultursoziologie in Frage gestellt. Der statische Kulturbegriff, der dieser Auffassung zugrunde liege, könne dem dynamischen Charakter des kulturellen Austauschs in unserer Weltgesellschaft nicht gerecht werden. Anstatt von »kultureller Identität«, die hauptsächlich aus nationalen Kulturen hervorginge, solle man lieber von »Identifizierung« sprechen, die sich je ad hoc formiere.

Was ist gemeint? Nationale Identitäten fungieren nicht

als übergeordnete Kategorie für die Selbstidentifikation. Vielmehr werden sie je nach Situation mobilisiert wie andere Identifikationsmerkmale auch – etwa Alter, Lebensstil, ästhetische Präferenzen oder Geschlecht.

Damit wird nicht behauptet, dass die vorgestellte kulturelle Einheit der Deutschen, der Brasilianer, der Türken oder der Chilenen irrelevant ist.

Sie ist aber kein Computerprogramm, das vorschreibt, wie konkrete Personen in bestimmten Situationen reagieren. Tatsächlich entsteht das, was wir »Identität« nennen, immer erst interaktiv von Mensch zu Mensch und als ein Prozess der Aushandlung – über die Zuschreibungen hinaus, mit denen wir bedacht werden – Deutscher, Brasilianer, Fremder.

149

So kann MC Gringo, der Arbeiterjunge aus dem Stuttgarter Umland, ein echter brasilianischer Funkeiro werden. Von wo aus würde es noch Sinn machen, ihn als »Fremden« zu bezeichnen?

Chile

Flüssiges Gold

Es ist nicht sicher verbürgt, ob Pedro de Valdivia tatsächlich nach seiner Gefangennahme flüssiges Gold trinken musste als Strafe für seine Habgier. Verbürgt ist, dass die Mapuche, ein Teil der ursprünglichen Bewohner des heutigen Chile, erbitterten Widerstand gegen die spanische Conquista leisteten, die im 16. Jahrhundert begonnen hatte. Zu dieser Zeit war die Region schon seit fast 12.000 Jahren besiedelt. Es war nicht der erste Eroberungsversuch, gegen den die Mapuche Widerstand leisteten. Bereits im 15. Jahrhundert drangen die Inka, deren Reich zu dieser Zeit seine größte Ausdehnung erlebte, in Chile ein, kolonisierten den Norden, konnten sich aber im Süden nicht durchsetzen.

Fernão de Magalhães, ein portugiesischer Seefahrer in spanischen Diensten, war der erste Europäer, der das Land betrat. Das war 1520. Nach ihm ist in der hispanisierten Form seines Namens die Magellanstraße benannt, die zwischen dem südamerikanischen Festland und der Insel Feuerland liegt und den Atlantik mit dem Pazifik verbindet. Die Durchfahrt war schwierig damals, zahllose Inseln machten sie mühsam. Noch heute gilt die Magellanstraße als gefährliches Gewässer. Stürme begleiteten die Durchfahrt, zwei Schiffe der Flotte wurden in eine Bucht getrieben. Das Land in nördlicher Richtung war karg – Magalhães nannte es Patagonien. In südlicher Richtung sahen sie viele Feuer.

Kleine Landeskunde

In der Republik Chile leben heute ca. 16 Millionen Menschen, fast die Hälft davon allein im Großraum der Hauptstadt Santiago de Chile. Das Land ist in 1? Regionen unterteilt,

Nordchile hat durch seine Lage an der Andenhauptkette zahlreiche Berge von übe 6.000 Metern Höhe, zwischen der Küste und den Anden erstreckt sich die Atacama Wüste, eines der trockensten Gebiete der Erde und die Hauptkupferregion. Der Mittel teil des Landes mit der Hauptstadt Santiago hat gemäßigt mediterranes Klima, is fruchtbar und dicht besiedelt. Weitere wichtige Städte sind der Seehafen Valparaíso

Magalhães nannte die Region Feuerland. Die Stürme legten sich erst auf der anderen Seite des Kontinents in dem anderen Meer. Und Magalhães gab ihm den Namen Pazifischer Ozean. Es war der Weg westwärts zu den Gewürzinseln.

Das Land wurde schließlich spanisch, doch der Konflikt mit den Mapuche dauerte 300 Jahre und ist nicht wirklich gelöst. (vgl. auch: »›Grenze‹ als Urerfahrung ...«, S. 178)

zugleich der Parlamentssitz. Viña del Mar ist ein beliebter Urlaubsort, Concepción das Zentrum der Landwirtschaft. Der Süden ist sehr dünn besiedelt, südlich des Festlandes liegt die Insel Feuerland.

In Nord-Süd-Richtung erstreckt sich das Land entlang der Anden und des Pazifischen Ozeans über 4.300 Kilometer Länge. Die engste Stelle ist 90 Kilometer breit, die breiteste 440 Kilometer. Chile grenzt im Westen an den Pazifischen Ozean, im Norden an Peru und Bolivien und im Osten an Argentinien. Landessprache ist Spanisch.

Piraten und Erdbeben

Nicht nur Valdivia war auf Gold aus gewesen. Englische Piraten – allen voran Francis Drake – griffen die Region immer wieder an und plünderten. Erdbeben und Vulkanausbrüche setzten dem Land außerdem zu. Beim Erdbeben vom 13. Mai 1647 starben in Santiago de Chile 12.000 Menschen.

Wie Argentinien gehörte Chile zunächst zum Vizekönigreich Peru, wurde aber später ein eigenes Generalkapitanat. Gold und Silber, die Schätze, derentwegen die Eroberer gekommen waren, waren schnell ausgebeutet. So blieb das abseits gelegene Land lange unbeachtet, seine Wirtschaft war in der Folge vor allem landwirtschaflich geprägt.

Als Napoléon 1808 Spanien erobert hatte, nutzten die kreolischen Eliten Chiles das Machtvakuum, um schließlich am 18. September 1810 – bis heute der Nationalfeiertag – eine Regierungsjunta zu bilden. Noch versuchten die Royalisten, den Prozess aufzuhalten, doch letztlich ohne Erfolg. Der Konsolidierungsprozess des jungen Landes verlief turbulenter, als es früher in der Regel dargestellt wurde. Nachdem 1823 der »Oberste Direktor« und Freiheitsheld Bernardo O'Higgins gestürzt worden war, blieb die Lage lange instabil.

»1830 putschten sich die Konservativen an die Macht. In der Folgezeit schuf der umtriebige Minister Diego Portales die Grundlagen eines autoritären politischen Systems, das von späteren Generationen zum Ideal verklärt werden sollte.«

Trotz starker Repressalien gegen politische Gegner und die Fortdauer des Krieges gegen die indigene Bevölkerung bis 1883 galt das anpassungsfähige Chile bald als Modellrepublik Lateinamerikas. Exporte von Kupfer, Silber und Weizen sorgten für eine gute ökonomische Entwicklung. 1879 eroberte Chile in einem Krieg gegen Peru und Bolivien die Salpeterprovinzen im Norden. Nun war die Grundlage für staatliche Modernisierungsmaßnahmen in der Infrastruktur geschaffen.

Die politische Struktur war am Ende des 19. Jahrhunderts zwar noch oligarchisch geprägt; einige Familien dominierten die Politik des Landes. Aber mit dem wachsenden Bürgertum erlebten die Liberalen einen Aufschwung. Freie Wahlen, Demokratisierung und ein Zurückdrängen der katholischen Kirche waren die Diskussionsthemen. Die ersten drei Jahrzehnte des 20. Jahrhunderts sahen Chile in tiefgreifenden Veränderungen.

»Schlüsselelemente dabei waren das Bevölkerungswachstum, die Anfänge der Industrialisierung, die Urbanisierung und die damit verbundenen Migrationsprozesse, der Aufstieg der Arbeiterbewegung, das Wachstum der Staatsaufgaben sowie die Entstehung einer neuartigen städtischen Mittelschicht. Die Diskussion der sogenannten »sozialen Frage« war nun ein öffentliches Thema. Der Staat reagierte zunächst gewaltsam auf sozialistische und anarchistische Bewegungen und auf die zunehmenden Streiks. Das Massaker an Hunderten streikender Salpeterarbeiter und ihrer Familien in Iquique im Dezember 1907 war einer der Tiefpunkte der chilenischen Geschichte. Viele jüngere reformorientierte Köpfe, vor allem aus der neuen Mittelschicht von akademisch Gebildeten, prangerten die tiefe soziale Krise Chiles nun öffentlich an. (...) Nach einer Übergangsphase, in der sich verschiedene Juntas und verfassungsmäßige Präsidenten abwechselten und in der eine neue Verfassung in Kraft trat (1925), etablierte Oberst Carlos Ibáñez 1927 sein autoritäres Regime, das bis 1931 andauern sollte.«

Zu Beginn der 50er-Jahre wurde Ibáñez noch einmal Präsident.

Wirtschaftlich war das Land inzwischen ganz und gar vom Export eines Rohstoffs abhängig. Der »Salpeterzyklus« dauerte von 1880 bis 1930. Chile hatte quasi weltweit das Monopol auf den begehrten Stoff. Die Staatseinnahmen bestanden zum größten Teil aus den

Ausfuhrzöllen. Dem Nachfrageboom im Ersten Weltkrieg folgte der dramatische Absturz. – In Europa war das Verfahren zur synthetischen Stickstoffherstellung zur Produktionsreife gebracht worden.

Die wichtigsten Wirtschaftsbeziehungen unterhielt man zu europäischen Ländern. Herausragend dabei Großbritannien, das der größte Salpeterabnehmer und der größte Direktinvestor war. Als aber im ersten Weltkrieg die Europäer als Investoren und Handelspartner ausfielen, kamen die US-Amerikaner nach Chile. Sie brauchten Kupfer. So wurde Chile seit den 1920er-Jahren zu einem Zentrum der US-amerikanischen Investitionstätigkeit in Lateinamerika. Als die Weltwirtschaftskrise auch hier einen tiefen Rückschlag brachte, kam es zu den ersten anti-US-amerikanischen Ausschreitungen, und der Zorn erhob sich auch gegen die eigene Regierung.

»Ibáñez stürzte letztlich im Zuge der Weltwirtschaftskrise. Ab 1931 fielen die Rohstoffpreise ins Bodenlose, und die Salpeterwirtschaft brach endgültig zusammen. Arbeitslosigkeit und soziale Not erreichten ungekannte Ausmaße. In politischer Hinsicht wechselten sich die Regierungen im Monatstakt ab. 1932 wurde für wenige Monate sogar eine »Sozialistische Republik« ausgerufen. Chile war das laut Völkerbund am härtesten von der Krise betroffene Land der Welt.«

Zwischenstück

Norte Americanización

Als Anfang des 20. Jahrhunderts Investitionen aus den USA in La-
teinamerika neue Rekordwerte erreichten, als Jazzmusik in den Haupt-
städten des Subkontinents für Furore sorgte, als Hollywood die Herzen
der Kinobesucher eroberte und der US-Amerikaner Jack Dempsey den
argentinischen Boxchampion Luis Angel Firpo nach wenigen Minuten
k. o. schlug, wurde erstmals in Lateinamerika breit in der Öffentlichkeit
darüber debattiert, was die vielfältigen Begegnungen mit den US-ameri-
kanischen Einflüssen, die »Norte Americanización« bedeuten könnten.
Im von den Vereinigten Staaten weit entfernten Chile gewannen diese
Debatten besondere Intensität. Als schließlich gegen Ende des 20. Jahr-
hunderts, im Jahr 1997, der chilenische Ex-Diktator Augusto Pinochet
die Militärparade zum Nationalfeiertag am 19. September abnahm und
sich von einem »Huaso«, einem chilenischen Cowboy, den traditionellen
»Cacho de chicha« (ein mit Weinmost gefülltes Horn) reichen ließ, blen-
dete das chilenische Nationalfernsehen wie zufällig eine überdimensiona-
le Coca-Cola-Werbung ein, deren Rot sich effektvoll vom Hintergrund
der schneebedeckten Andenkette abhob.

Zu dieser Zeit hatte die Nordamerikanisierung derart ungeahnte
Ausmaße angenommen und war in alle Sphären des Lebens eingedrun-
gen, dass sie kaum noch sui generis wahrgenommen oder problematisiert,
sondern vom neuen Konzept der »Globalisierung« überlagert und ver-
drängt wurde.

Das konventionelle Modell der Nordamerikanisierung wurde durch
die Dichotomien bestimmt, mit denen es die Welt in Zentren und Periphe-
rien, in Nord und Süd, in Geber und Empfänger oder wahlweise in Täter

und Opfer einteilte. Diesen Ansätzen war gemein, dass sie die Ebene der Rezipienten oder der Opfer kaum beachteten. Doch die scharfen Trennungen von modern-traditional, imperialistisch-abhängig sind längst nicht mehr haltbar, schon gar nicht, wenn von Kultur die Rede ist. Die US-amerikanischen Einflüsse wurden von der so genannten Peripherie nicht einfach gezwungenermaßen übernommen. Vielmehr wurden sie internalisiert und angeeignet und haben sich dabei verändert. Das Resultat dieser Begegnung sind nicht Angleichungen, sondern neue kulturelle Symbole: heterogen, hybrid, unbeabsichtigt und oft auch widersprüchlich. Der chilenische Kultursoziologe José Joaquín Brunner beschreibt, wie umfassend diese Aneignung der Ausgangsformen des Nordens entlang lokaler Rezeptionscodes im Süden tatsächlich ist. Die neuen kulturellen Synthesen, die dabei entstehen, betreffen alle Lebensbereiche.

»Así ha occurido con la sociología, con el arte pop, con la música rock, con el cine, con la informática, con los modelos de la universidad, con el neoliberalismo, con los últimos medicamentos, las armas y, en largo plazo, con nuestra propria incorporación en la modernidad.« *

Entscheidend ist dabei, wie und von wem beispielsweise als US-amerikanisch wahrgenommene Wissensbestände, US-amerikanisches Kapital oder kulturelle Symbole selektiv interpretiert, rekonstruiert und benutzt werden. Dieser Akt der Aneignung findet in höchst unterschiedlichen Kontexten statt, die von euphorischer Zustimmung zu eifernder Verdammung, von »US-Amerikanismus« zu »Anti-US-Amerikanismus«, reichen können. Ein Spannungsfeld, das auch die chilenische Begegnung mit den Vereinigten Staaten im gesamten 20. Jahrhundert prägte, war

---

* Das ist mit der Soziologie geschehen, mit der populären Kunst, mit der Rockmusik, mit dem Kino, der Informatik, mit den Universitätsmodellen, dem Neoliberalismus, mit den neuesten Medikamenten, den Waffen und auf lange Sicht mit unserer eigenen Eingliederung in die Modernität.

das Bewusstsein ökonomisch abhängig zu sein, gepaart mit einem Gefühl kultureller Überlegenheit, ein Gefühl, das sich schon früh in der Bezeichnung »Yanqui«für die US-Amerikaner niederschlug.

Um solche Prozesse der Aneignung und der Entstehung dieser kulturellen Synthesen verstehen zu können, rücken heute neue Subjekte in den Mittelpunkt der Analyse des Historikers. Manager, Journalisten, Sozialreformer und Intellektuelle, aber auch Arbeiter, Personen, deren Handeln und Wahrnehmungen durch transnationale Zusammenhänge bestimmt werden. Diese Personen handeln in Kontaktzonen, in denen Bilder, Stereotype und Vorurteile über das »Andere« oder »Fremde« umdefiniert, angeeignet und abgesondert werden. Das geschieht oft nicht freiwillig, sondern ist das Produkt von Spannungen, die sich aus dem Zusammenprall von dem globalen Modernisierungsprozess entlehnten Innovationen mit lokalen Sitten und Gebräuchen ergeben, beispielsweise von ausländischen Unternehmensphilosophien mit lokalen Moralvorstellungen. Und dieser Prozess ist niemals ein einseitiger Prozess.

Die Nordamerikanisierung Lateinamerikas geht schon seit geraumer Zeit mit der Lateinamerikanisierung der USA einher.

Stefan Rinke

Im Laufe der Zeit waren die USA immer wichtiger für Chile geworden. »*Chile ließ sich nach 1945 fest in das antikommunistische interamerikanische System unter US-amerikanischer Führung einbinden und wurde zu einem bevorzugten Zielland der Entwicklungspolitik der › Allianz für den Fortschritt‹ der Regierung John F. Kennedys.*« Chile erlebte die Entstehung der Massengesellschaft, ein rasantes Bevölkerungswachstum, fortschreitende Urbanisierungsprozesse und staatlich forcierte Industrialisierung. Die Mittelschicht wuchs weiter, der Alphabetisierungsgrad der Bevölkerung nahm zu, die Berufsstrukturen änderten sich. Was blieb, waren gravierende soziale Probleme wie etwa die Mangelernährung weiter Teile der Bevölkerung.

161

»Chilenisierung«

»Revolution in Freiheit« war das Motto der christdemokratischen Regierung von Eduardo Frei (1964 bis 1970), auf dem Programm stand als wichtiger Punkt die Beseitigung der sozialen Probleme. Außenpolitisch fuhr die neue Regierung schließlich einen stärker an der lateinamerikanischen Integration orientierten Kurs, was die USA veranlasste, ihre »Entwicklungspolitik« in Bezug auf Chile neu zu überdenken. Zu Konflikten war es auch wegen der chilenischen Kupferminen gekommen, deren wichtigste US-amerikanischen Firmen gehörten. Die fuhren zwar immense Gewinne ein, investierten aber so gut wie nicht. Frei handelte mit den Firmen 1965 eine 51-prozentige Beteiligung des Staates (»Chilenisierung«) und die Option auf eine komplette Übernahme aus. Da nun alle Investitionen von der Regierung getragen wurden, aber ein Großteil der Gewinne weiterhin den Konzernen zugute kam, forderten schließlich auch die Christdemokraten die Verstaatlichung – die dann im Juni 1971 vom Parlament unter der Regierung Allende beschlossen wurde. Diese Verstaatlichung sollte auch von der Militärdiktatur nicht rückgängig gemacht werden.

Polarisierung

Das Land kommt nicht wirklich zur Ruhe; Frei wird von links und von rechts kritisiert. Die Lage polarisiert sich zusehends – auch unter dem Eindruck des Kalten Krieges und der Kubanischen Revolution – mit Straßenschlachten und heftigen Auseinandersetzungen. Die Unidad Popular siegt 1970 sehr kanpp mit einem Drittel der Stimmen. »*Der Wahlsieg Salvador Allendes erregte weltweites Aufsehen, war doch hier zum ersten Mal ein dezidierter Marxist auf demokratischem Weg an die Macht gekommen.*«
Die CIA hatte noch versucht, Allendes Sieg in letzter

Sekunde zu verhindern, und Washington reagierte später mit einem Wirtschaftsboykott, der das Land hart traf. Im Land kam es zu Kapitalabzug und Flucht. Innerhalb des Koalitionskabinetts gab es Auseinandersetzungen darüber, ob man im Zuge der Agrarreform die Großgrundbesitzer enteignen sollte oder nicht; die Kosten des wirtschaftlichen Umbaus stiegen stark, so dass es zur Knappheit von Versorgungsgütern kam. Soziale Unruhen waren die Folge.

All dies führte schließlich zu einer tiefen Spaltung der Gesellschaft.

»Unter der Unidad Popular kam es dann sogar zur offenen Krise zwischen Chile und den USA, als einerseits die Machenschaften der CIA bei der gescheiterten Verhinderung des Amtsantritts Allendes bekannt wurden und andererseits die Nationalisierung der Kupferindustrie zu Protesten der US-amerikanischen Investoren führte.«

Die Lage spitzte sich dramatisch zu. Regierungsgegner riefen nach dem Militär, der Putsch am 11. September 1973 wurde mit äußerster Gewalt durchgeführt. Allende überlebte ihn nicht.

Augusto Pinochet, der noch von Allende eingesetzte Oberkommandierende des Heeres, beherrschte das Land bis 1989 diktatorisch, lange unterstützt von den republikanischen US-Regierungen, denen er sich als Verbünderter im Kampf gegen den »Weltkommunismus« andiente.

»Das Regime hinterließ eine blutige Spur von Opfern, zu denen neben prominenten Persönlichkeiten der Linken auch zahlreiche echte oder vermeintliche Sympathisanten der Unidad Popular aus dem Industrie- und Landarbeitermilieu sowie aus der indigenen Bevölkerung zählten.«

164

Der wirtschaftliche Umbau des Landes unter der Ägide der »Chicago Boys« zeitigte zunächst beachtliche Erfolge, und Chile wurde als neues Wirtschaftswunderland gefeiert. *»Dass sich aber der Staat in dieser Zeit zurückgezogen habe, ist ein gut gepflegter Mythos. Er blieb auch unter Pinochet interventionistisch.«*

Die Diktatur Pinochets begann mit einer strikten Austeritätspolitik. Die Inflation blieb hoch, die Industrieproduktion ging durch die Öffnung der Märkte und die Senkung der Zölle um 27 Prozent zurück, besonders in den Branchen, die durch die Politik der Importsubstitution gefördert worden waren. Zwischenzeitliche Erholungen wurden gefolgt von erneuten Einbrüchen. Erst seit 1985 konnte die Wirtschaft in ruhigeres Fahrwasser gelenkt werden, als die Militärs sich notgedrungen entschließen mussten, die Angelegenheit einem Profi zu übergeben.

Denn weite Teile der Bevölkerung waren aufgrund starker Einschnitte bei den Löhnen und Gehältern verarmt, viele fanden sich in prekären Arbeitsverhältnissen wieder oder wurden arbeitslos. 1983 war die Arbeitslosigkeit auf 30 Prozent gestiegen. Ein Drittel der Bevölkerung war unterernährt, über 50 Prozent lebten unter der Armutsgrenze.

Es entstand eine breite Oppositionsbewegung – von den Sozialisten bis zu Christdemokraten.

Neuanfang

Ein verfassungsgemäßes Plebiszit brachte schließlich das Ende der Pinochet-Diktatur.

Da sich die Wirtschaft inzwischen stabilisiert hatte, war der Diktator sehr überrascht, dass er abgewählt worden war …

Bei den Wahlen von 1989 wurde die christdemokratische Regierung Patricio Aylwin ins Amt gewählt. Allerdings mit »autoritären Enklaven«, die in der Pinochetzeit in Verfassung und Gesetzgebung eingebaut worden waren. Man musste Kompromisse machen. Aber es gab weitreichende Reformen im sozialen Bereich. Die Wirtschaftspolitik war exportorientiert, das Bruttoinlandprodukt stieg stark an. Und neben dem Wirtschaftswachstum war auch die gerechte Verteilung des Reichtums Ziel der Regierungen der Concertación, eines Zusammenschlusses der demokratischen Parteien. Das pro-Kopf-Einkommen stieg kontinuierlich, dennoch bleibt die Schere zwischen arm und reich extrem weit offen und wird in Lateinamerika nur noch von Kolumbien und Brasilien übertroffen.

Ein andauerndes Thema in Chile ist die Aufarbeitung der Verbrechen der Pinochet-Diktatur. Das Regime hatte sich selbst schon mit einem Amnestiegesetz Straffreiheit organisiert – die folgenden Regierungen hatten die Gratwanderung zu bestehen, sich damit auseinanderzusetzen. Die Rettig-Kommission, benannt nach ihrem Vorsitzenden und eingesetzt unter der Regierung Aylwin, arbeitete die Verbrechen auf und legte die Dokumentation 1991 vor. Opfer des Regimes erhielten staatliche Entschädigungsleistungen. Einige Offiziere konnten suspendiert werden.

»Die fehlende Konsequenz in der Verfolgung der Täter aufgrund der Obstruktionshaltung der Justiz und vor allem des Militärs wurde

bald zu einer Ursache der Unzufriedenheit mit dem politischen Sys-
tem als solchem.«

In die Präsidentschaft des Sozialisten Ricardo Lagos
(2000 bis 2006) fallen schließlich Reformen, die dem
Land tiefgreifende Veränderungen bringen. Chile erlebte soziale Maßnahmen im Bereich Bildung, Gesund-
heit und Wohnungsbau, das erste Scheidungsgesetz
seiner Geschichte, aber als Höhepunkt der Präsidentschaft Lagos' sehen viele Beobachter die Verfassungsre-
form von 2005 an. Zu den Reformpunkten gehörte die
Abschaffung der »Senatoren auf Lebenszeit« (wie Pinochet etwa), die Einschränkung der Sonderrechte des
Militärs oder auch die Verkürzung der Amtszeit des
Präsidenten von sechs auf vier Jahre.

Das Inkrafttreten dieser reformierten Verfassung gilt als
das Ende der »autoritären Enklaven« in Chile.

Seit 2006 ist Michelle Bachelet die erste Frau in der Geschichte Chiles, die das höchste Staatsamt innehat.
(Basisdaten zur chilenischen Wirtschaft im Länderbericht auf Seite 172.)

168 Handelsbeziehungen

»Chile gehört zu den Ländern mit den meisten wirtschaftlichen Absprachen weltweit.«

Claus Jahn, EMASA

Es ist eine lange Geschichte – der Handel zwischen Deutschen und Chilenen. Sie ist schon so alt wie die chilenische Unabhängigkeit. Seit 200 Jahren werden zwischen beiden Ländern Geschäfte gemacht. Schon früh errichteten deutsche Kaufleute Handelskontore im Partnerland auf der Südhalbkugel. Wer immer etwas verkaufen wollte, konnte in Chile auf ein gutes Vertriebsnetz zugreifen. Das ist auch heute noch so.

Claus Jahn ist einer derjenigen, der guten Produkten in einen attraktiven Markt hilft.

In den 1960er-Jahren hatte er bei der Firma Bosch in Deutschland seine Ausbildung gemacht. Schließlich leitete der Deutsch-Chilene viele Jahre die EMASA, eine Handelsgesellschaft mit Sitz in Santiago de Chile, die unter anderem die Produkte der Firma Bosch vertreibt. Man verkauft Notwendiges rund ums Auto, Elektrowerkzeuge und in kleinerem Umfang auch Nützliches für den Haushalt – und schon längst nicht mehr nur von Bosch.

Jahn war fünf Jahre lang zudem Präsident der deutsch-chilenischen Außenhandelskammer und würde sich mehr Engagement deutscher Unternehmen in Chile wünschen. »Die Deutschen sind hier sehr beliebt, sie wären hochwillkommen« – in einem Land, dessen Bewohner mitunter die »Deutschen« Lateinamerikas genannt werden. Umso mehr schmerzt die Zögerlichkeit derjenigen, die man für ihre klassischen Tugenden so hoch schätzt.

Jahn kennt die Schwächen der Berichterstattung über Lateinamerika. »Das Schlimmste ist, dass alle denken, Lateinamerika sei ein einziges Land.« Das führe zu falschen Bildern und zu einem Mangel an Motivation, sich gründlich und seriös zu informieren. Und wenn dann

»ein deutscher Unternehmer nach Chile kommt, wird er vielleicht Dinge finden, die ihm nicht gefallen«, sagt Claus Jahn. »Wenn er aber etwas über deren Geschichte weiß, kann er viel besser damit umgehen oder sie vielleicht sogar zu seinem Vorteil nutzen.«

»Natürlich ist Chile ein kleines Land«, räumt der Kaufmann ein. »Aber man muss ohnehin für den Export produzieren.« Als Exportland habe sich Chile in den letzten 15 Jahren sehr gut entwickelt, meint er. »Es gehört zu den Ländern mit den meisten wirtschaftlichen Absprachen weltweit.« – In Chile wird gut gewirtschaftet, in prosperierenden Zeiten wird vorgesorgt, und immer wieder steht Chile als »Musterland« Lateinamerikas da. Eigentlich kein Grund zu zögern.

EMASA Equipos y Maquinaria S.A.

EMASA ist eine Handelsvertretung mit Sitz in Santiago de Chile. 1958 gegeründet, war der anfängliche Firmenzweck, Produkte der Bosch-Gruppe in Chile zu vertreiben. Inzwischen ist die Firma auch in Peru und Bolivien tätig.

Als landesweiter Lieferant für den chilenischen Markt ist die EMASA bei Autoersatzteilen und Zubehör an zweiter Stelle im Land, bei Elektrowerkzeugen gar an erster Stelle, bei Haushaltsgeräten nimmt sie eine gute Mittelposition ein. Mit der Zeit hat sich die EMASA internationalisiert und vertreibt zu den Produkten der Bosch-Gruppe inzwischen auch andere hoch renommierte Marken – zu den deutschen Marken gehören etwa Blaupunkt, Kärcher, ZF Friedrichshafen, MAHA, Beissbarth, Sonax u. a.

Die Philosophie der Firma und für die 700 Beschäftigten heißt Kundendienst und technische Betreuung – noch lange nach dem Kauf.

Die Länderberichte des Lateinamerika Vereins enthalten ausführliche Informationen zu Politik, Wirtschaft, Branchen und Unternehmen des jeweiligen Landes. An dieser Stelle ist der Länderbericht eine Momentaufnahme und dient lediglich als Beispiel. Daher erscheinen hier nur einige wenige Komponenten. Detaillierte Länderberichte erhalten Mitglieder des Lateinamerika Vereins monatlich.

Auszug aus dem Länderbericht des Lateinamerika Vereins vom Mai 2009

Basisdaten im Überblick	2007	2008	2009
BIP-Wachstum – Zentralbank	5,1 %	3,2 %	2 %– 3 % P
Industriewachstum	3,9 %	1,4 %	-7,1 % M
Export – Zentralbank	US$ 67.643 Mrd.	US$ 67.788 Mrd.	US$ 15.084 Mrd. X
Import – Zentralbank	US$ 47.124 Mrd.	US$ 61.901 Mrd.	US$ 12.347 Mrd. X
Leitzins in %	–	–	1,25 %
Wechselkurs US$/CLP (April)	chil$ 532,80	chil$ 446,43	chil$ 583,18
P=Prognose/M=März/X= Januar–April			

Politische Rahmenbedingungen –
Weitere Krisenbekämpfungsmaßnahmen

In der weltweiten Finanzkrise profitiert Chile von seiner konsequenten antizyklischen Finanzpolitik der vergangenen zwei Jahrzehnte. Der Stabilisierungsfond ist mittlerweile mit rund US$ 20 Mrd. gut gefüllt. In den letzten 12 Monaten hat die Regierung insgesamt 14 wirtschaftspolitische Maßnahmenpakete geschnürt. Mit dem nun kürzlich verabschiedeten Paket in Höhe von US$ 4 Mrd. (2,8 % des BIP) summieren sich die staatlichen Finanzspritzen angesichts der internationalen Finanzkrise auf rund US$ 10 Mrd. Das entspricht etwa 5,8 % des BIP. Das jüngste Konjunkturprogramm von Januar ist aufgrund Chiles bislang konsequenter Finanzpolitik bemerkenswert. Für die Finanzierung dieses Maßnahmenpakets hat die Regierung ihre 0,5 %-Überschuss-Regelung für den öffentlichen Haushalt aufgegeben und durch ein strukturelles Budgetgleichgewicht ersetzt. 2007 hatte die Regierung die Fiskalregelung von 1 % auf 0,5 % gesenkt. Analysten werten die Politik des Landes in dieser Hinsicht als einzigartig, da Chile nun in der Lage ist, sein angespartes Kapital einzusetzen, ohne den Haushalt zu belasten.

Regierung kurbelt Investitionstätigkeiten weiter an

Anfang April 2009 verabschiedete Präsidentin Michelle Bachelet ein neues Maßnahmenpaket, um den negativen Auswirkungen der Finanzkrise entgegenzuwirken. Wichtigster Bestandteil des Paketes ist eine neue Kreditlinie für KMU in Höhe von

US$ 3,6 Mrd. sowie höhere Flexibilität bei der Steuerhebung für diese. Ferner wird die chilenische Regierung nach eigenen Angaben ihre Investitionsausgaben 2009 steigern und in erster Linie die Gesundheitsfürsorge, die Verkehrsinfrastruktur und den staatlichen Bergbau fördern. (...)

Präsidentschaftswahlen 2009:
Kandidaten stehen fest

Der Umgang mit der internationalen Finanzkrise wird im Wahlkampf zu den im Dezember 2009 stattfindenden Parlaments- und Präsidentschaftswahlen eine wichtige Rolle spielen. Die beiden aussichtsreichsten Kandidaten sind der Christdemokrat **Eduardo Frei** (aus dem Lager der Regierungskoalition) und der wirtschaftsliberale Großunternehmer **Sebastián Piñera** (Opposition). Die Rolle des Staates in der Wirtschaftspolitik beurteilen beide höchst unterschiedlich. **Frei** spricht sich für einen aktiven Staat aus, da der Privatsektor seiner Meinung nach nicht in der Lage sei, einen Ausweg aus der Krise aufzuzeigen. **Piñera** sieht in der Wirtschaftspolitik der vergangenen Monate ein zu starkes Eingreifen des Staates in den Markt und kritisiert die überzogenen Ausgaben der öffentlichen Hand sowie auch die übermäßige Bürokratie. Der neue chilenische Präsident wird traditionsgemäß jedoch keine grundlegenden Änderungen am wirtschaftspolitischen Kurs vornehmen. In den jüngsten Umfragen liegt Piñera vor Frei. Was die kommenden Wahlen so interessant und wichtig macht, ist die Tatsache, dass die jahrzehntelange, klare Teilung der politischen Lager in Linke und Rechte allmählich verschwimmt. Seit Ende der Diktatur Pinochet (1989) wurde die Regierung ununterbrochen – und teilweise mit deutlicher Mehrheit gewählt – durch die Regierungskoalition Concertación gestellt. (…)

Binnenwirtschaft

(…) Im Quartalsvergleich schrumpfte das BIP um 2,1%. Goldman Sachs meint, dass Chiles Wirtschaft im Gesamtjahr 2009 schrumpfen wird. Andere Analysten wie etwa diejenigen der Banco Santander erwarten, dass Chile mit einem BIP-Plus von 0,5% noch einmal die Kurve kriegen wird. Die Bank of America-Merrill Lynch prognostiziert ein Wachstum von 1,6%. Die zu Beginn des Jahres veröffentlichte Wachstumsprognose der Regierung von 2% bis 3% hält Notenbank-Chef de Gregorio inzwischen für zu optimistisch. Die Regierung hält jedoch weiterhin an dieser Prognose fest.

Erstes Defizit im Haushalt seit 2003

Erstmals seit 2003 verzeichnet die chilenische Regierung ein Haushaltsdefizit. Im ersten Quartal des laufenden Jahres betrug dieses rund US$ 1,05 Mrd. entsprechend 0,7% des BIP. Damit bleibt der Regierung noch reichlich finanzieller Spielraum, Anti-Krisenmaßnahmen durchzuführen. Sie erwartet für das Gesamtjahr 2009 ein Defizit von 2,9% des BIP. Die Steuereinnahmen fielen im ersten Quartal real um 37%; die Ausgaben stiegen real um 21%.

Zentralbank senkt erneut Leitzinssatz

Die chilenische Notenbank senkte sowohl in ihrer April- als auch in ihrer Maisitzung erneut den Leitzins um jeweils 50 Basispunkte auf nunmehr 1,25 %. Im März unternahm die Zentralbank bereits eine Senkung des Referenzzinssatzes um 250 Basispunkte. Insgesamt reduzierte die Körperschaft den Leitzins seit Jahresbeginn in fünf Schritten um 700 Basispunkte ausgehend von 8,25 % Ende 2008. (...)

Außenwirtschaft – Außenhandelsplus gesunken

Chiles stetiger Überschuss in der Außenhandelsbilanz fiel in den ersten vier Monaten 2009 um 65 %. Im Vergleichsmonat April 2008 verzeichnete dieser noch rund US$ 7,8 Mrd. Im vergangenen Monat lag das Plus nur noch bei rund US$ 2,74 Mrd. Ursache ist in erster Linie der Werteeinbruch bei den Kupferausfuhren. Die Gesamtexporte summierten sich von Januar bis Ende April auf US$ 15,1 Mrd., 42 % weniger als im Vorjahreszeitraum (US$ 26,1 Mrd.). Die Importe beliefen sich im gleichen Zeitraum auf US$ 12,35 Mrd., 32 % weniger als 2008 (US$ 18,23 Mrd.).

Branchenentwicklungen – Kupferpreis

Nachdem der Kupferpreis im vergangenen Jahr um über 50 % eingebrochen ist, erholte er sich im ersten Quartal des laufenden Jahres so stark wie seit 2006 nicht mehr und legte um 31 % zu. Allerdings ausgehend von einer vergleichbar tiefen Basis: Der Preis für eine Tonne Kupfer an der Terminbörse liegt mit US$ 4.040 (Anfang April) deutlich unter der Hälfte der letztjährigen

Spitzenwerte. Ausgelöst wurden die jüngsten Preissteigerungen durch Spekulationen, dass sich die Nachfrage in China und den USA erhöhen werde. (...)

Elektrizitätswirtschaft: Der Ausbau der Stromversorgung ist ein Schwerpunkt der öffentlichen Investitionstätigkeit. Zunehmend wichtiger soll hierbei der Einsatz von nicht-traditionellen Energieträgern sein. (...)

Telekommunikation: Trotz der konjunkturellen Turbulenzen schreitet der Ausbau der Telekommunikationsinfrastruktur nach Einschätzungen der Marktforschungsgesellschaft Business Monitor voran. Der Kauf von einschlägigen Produkten und Dienstleistungen werde bis 2013 jährlich um 10% zulegen. (...)

Judith Rissler, Länderreferentin Chile

»Grenze« als Urerfahrung in Lateinamerika
Mapuche in Chile zwischen Mythos und Verleugnung*
Von Stefan Rinke

Seit der Entdeckung und Eroberung einer für die Europäer
»Neuen« und fremden Welt sind die alltägliche Erfah-
rung von Fremdheit und die daraus resultierenden Pro-
bleme ein Wesenszug der Geschichte Lateinamerikas.
Die Entdecker Amerikas wurden zu prototypischen
›Fremdheits-Erfahrenden‹, indem sie von Beginn an die
Aktivität des Entdeckens des Fremden mit der des Er-
oberns verbanden. (…)
Die durchschnittlichen Konquistadoren und ihre kreo-

* *Wir drucken Stefan Rinkes Beitrag hier in gekürzter Form ab.*
Bei Interesse am Gesamttext wenden Sie sich bitte an den Verlag.

lischen Nachfahren erfuhren Grenze u.a. als einen Raum, in dem sie auf fremde Kulturen trafen, häufig mit diesen gewaltsame Konflikte ausfochten und seltener zu friedlichen Arrangements des Zusammenlebens kamen. Sie traten nicht mit dem Bewusstsein an, Fremde zu sein, die Grenzen überschritten, sondern sie setzten ihre eigenen Erfahrungs- und Wertehorizonte als das Absolute, das Normale, von dem abzuweichen nur als etwas Bedrohliches wahrgenommen werden konnte. Es ging ihnen um die »Ent-Fremdung« des Unbekannten durch die Reproduktion des Eigenen. Die Wege, dies zu erreichen, waren ambivalent: Zum einen wurde das in den Grenzregionen angetroffene Fremde als etwas Minderwertiges, auf einer niedrigeren Entwicklungsstufe Stehendes entwertet und ausgegrenzt. Die Grenzregionen selbst wurden häufig als bedrohliche Wildnis wahrgenommen, die Barbarei und Despotie hervorbringt.

Sie wurden aus den Diskursen um Entwicklung ausgeblendet und blieben damit fremd. Zum anderen wurde das so ausgegrenzte Fremde – nach der erfolgreichen realen Verdrängung – in symbolischer Form einverleibt, indem man den »edlen« und von seiner realen Existenz gereinigten »Wilden« in die nationalen Gründungsmythen integrierte.

Der entlegene Teil des spanischen Weltreichs in Amerika, aus dem sich Chile entwickeln sollte, war eine jener Regionen, in denen sich der indigene Widerstand gegen die Eroberer am hartnäckigsten hielt. Die mehr als dreihundertjährige Geschichte erfolgreicher Kriegsführung der von den Spaniern mit dem Sammelbegriff »Araukaner« bezeichneten Bewohner des Südens, die sich selbst als das Volk der Mapuche verstehen, gab schon früh Anlass zu verklärenden Darstellungen. Im Fall des Renaissance-Epos La Araucana (1569 und 1578–1589) von Alonso de Ercilla y Zúñiga waren sie positiv – wobei der fremde Indio allerdings mit europäischen Tugenden ausgestattet wurde – bei anderen Autoren war die Darstellung negativ – die Araukaner wurden als gnadenlose Menschenfresser porträtiert. In jedem Fall aber wurden Mapucheführer wie Caupolicán, Lautaro und Colo Colo zu legendären Gestalten mythologisiert. Beide Arten von Beschreibungen basierten auf den Interessen der Autoren, die zumeist direkt an den Kämpfen teilgenommen hatten und durch die Betonung der Tapferkeit bzw. der Brutalität des Gegners den eigenen Mut hervorheben wollten, um die königliche Gunst zu erlangen. (…)

Nach 91 Jahren mehr oder weniger permanenter Kriegsführung kam es 1641 zu ersten offizellen Friedensverhandlungen, bei denen sich beide Parteien gegenseitig die Existenzberechtigung und die Respektierung des Grenzflusses Bío Bío zusicherten. Die Verhandlungen, die sogenannten Parlamentos, wurden in der Folgezeit häufig wiederholt und zu ritualisierten Zeremonien mit Paraden, Festessen und Austausch von Geschenken ausgestaltet. Dies bedeutete aber keineswegs das Ende der kriegerischen Auseinandersetzungen, der Frieden blieb brüchig.

Erfindung der nationalen Tradition

In der Phase der kreolischen Unabhängigkeitsbewegung wurde dann der Mythos von den unbesiegbaren Indios zum zentralen Element bei der Mobilisierung für den Krieg gegen die Spanier und bei der Erfindung einer nationalen Tradition in Chile. Simón Bolívar sprach in seinem berühmten Brief aus Jamaika 1815 von den »unbezähmbaren und freien Araucaner[n]«, die als »Nachbarn und Landsleute« in ihrer Unabhängigkeit ein »hehres Beispiel« für die Chilenen darstellten. Die chilenischen Kreolen bezogen sich bezeichnenderweise dagegen nicht wie Bolívar auf die zeitgenössischen, sondern nur auf die historischen »Araukaner«. Die schwarze Legende spanischer Herrschaft und Brutalität gegen die Indios wurde von den Kreolen nun als auf die eigene Situation zutreffend interpretiert. Die Kreolen identifizierten sich mit den misshandelten und versklavten – wohlgemerkt: historischen – »Araukanern«, »unsere lieben Brüder«, deren Mut und Tapferkeit nach Meinung der Unabhängigkeitskämpfer auf die chilenische »Nation« übergegangen waren und deren »demokratische Standards« und »föderale Staatsform« als beispielhaft gelobt wurden. Ercillas »La Araucana« wurde zum Ursprungsmythos Chiles umgedeutet. (…)

Die meisten zeitgenössischen Mapuche waren an der Glorifizierung der Taten ihrer Vorgänger durch die Kreolen nicht interessiert. Große Teile von ihnen kämpften unter Berufung auf die Abmachungen des letzten Parlamento von 1803 und in Erkenntnis des bedrohlichen Landhungers der kreolischen Kolonisten für den Erhalt der spätkolonialen Übereinkünfte und damit in einem mit besonderer Brutalität geführten Kampf, der »guerra a muerte«, bis 1825 für die Sache der Royalisten. Dennoch wurden den Mapuche ebenso wie allen anderen Indios schon 1819 durch ein Dekret des neuen Machthabers Bernardo O'Higgins alle Rechte und Freiheiten des »ciudadano chileno« im unabhängigen Chile und die Aufhebung der Tribute sowie aller Formen von Sklaverei zugesichert. Diese fiktive rechtliche Gleichstellung änderte nichts an der Tatsache, dass sich die Mapuche nicht in den neuen Staat integrieren ließen.

Die Pazifizierung der Barbaren und der Fortschritt

Trotz der Konfrontationen änderte sich die Lebensweise der Mapuche und der chilenischen Kolonisten durch den alltäglichen Kontakt in einem ausgeklügelten System von »Grenzgängern« erheblich. Während die Mapuche Kleidung, Waren und bis zu einem gewissen Grad sogar Sprache und Religion der Chilenen – allerdings in synkretistischer Form – übernahmen, gab es auf der anderen Seite viele Beispielfälle von Chilenen, insbesondere Flüchtlinge aller Art, die sich völlig in die Gesellschaft der Mapuche integrierten und sogar zu Kaziken aufstiegen. Dieser Zustand kann allerdings nicht über das enorme Konfliktpotenzial hinwegtäuschen, das in der grundsätzlichen Weigerung der Mapuche lag, sich dem chilenischen Staat zu unterwerfen. Diese Weigerung wurde auf chilenischer Seite ergänzt durch die Wahrnehmung der Mapuche als wilde, dem Fortschritt im Wege stehende Barbaren. Diese Anschauung drängte den Mythos des edlen, unbeugsamen Araukaners nun zusehends in den Hintergrund. Das alte Stereotyp des heidnischen Menschenfressers und brutalen Verwüsters trat auf den Plan – es ließ sich gut in die lateinamerikanischen Entwicklungsvorstellungen des 19. Jahrhunderts integrieren. Die Mapuche galten fortan als Entwicklungshindernisse. (...) Wirtschaftliche und politische Interessen in Kombination mit der Vorstellung des bar-

barischen, den Fortschritt hemmenden Wilden bildeten die Grundlage des Projekts der »Pazifizierung« der Indios, das um 1859 erstmals diskutiert wurde. Hinter dem euphemistischen Begriff verbarg sich die Idee der schrittweisen gewaltsamen Unterwerfung der Mapuche und ihrer Verdrängung in Reservate.

Diese »Pazifizierung« stellte im offiziellen Sprachgebrauch das Ende der »Grenze« in Chile dar. Jedoch konnten sich die ca. 100.000 überlebenden Mapuche nicht an die ihnen aufgezwungene neue Lebensform als kleine Landwirte in den weit verstreuten Reduktionen gewöhnen und blieben jahrzehntelang von den Hilfsleistungen der Garnisonen abhängig. Angesichts der zunehmenden Zahl von Siedlern im ehemaligen Indiogebiet wurden die Mapuche zu einer verarmten, marginalisierten und häufig betrogenen ethnischen Minderheit in der Region.

Dafür eigneten sie sich als Ausstellungsstücke zur Befriedigung eines voyeuristischen Exotismus. Die Wanderausstellungen mit Mapuche-Indios anlässlich von Stierkämpfen oder Zirkusaufführungen waren in den chilenischen Städten sehr beliebt.

Nach Meinung vieler vom Positivismus beeinflusster Chilenen der Jahrhundertwende waren die Mapuche das ausgegrenzte, weil »rassisch« minderwertige und hoffnungslos degenerierte Andere, das durch europäische Einwanderung endgültig verdrängt werden musste, wollte man den Fortschritt Chiles sichern. Angesichts der drückenden sozialen Probleme in den nun rasch wachsenden Städten verschwand das reale Indioproblem jedoch zunehmend aus dem Blick der chilenischen Öffentlichkeit. Es gehörte aber zur Dynamik des Verdrängungsmechanismus, dass die Indios nicht zuletzt durch die öffentliche Präsenz als Ausstellungsobjekte ihre Funktion als wirkungsmächtiges Symbol des chilenischen Nationalgefühls behielten. Abgrenzung und Vereinnahmung gingen Hand in Hand. (…)

Im Zuge des lateinamerikanischen Indigenismus wurde die Kultur der Mapuche nun von Teilen der chilenischen Öffentlichkeit zum »patrimonio nacional«, zum nationalen Erbe, umdefiniert und eignete sich als Element zum Aufbau der »chilenidad«, des chilenischen Nationalbewusstseins. Schulkinder lernten seit den 1930er-Jahren, dass auch in ihren Adern das gemischte »Blut von Seefahrern und Konquistadoren, von tapferen ›Toquis‹ und ›Kaziken‹« floss, das die Grundlage einer »mannhaften Rasse« bilde. Sogar das chilenische Militär machte sich den Araukanermythos zu Eigen und sah sich als legitimer Nachfolger der tapferen Konquistadoren und »Araukaner«.

Die Breitenwirkung dieser durch Schule und Militär popularisierten Lehren ließ sich unter anderem daran able-

sen, dass der 1925 gegründete Spitzenclub im wichtigsten Volkssport Fußball den Namen »Colo Colo«
annahm, weil dieser besonders »chilenisch« zu sein
schien, und dass die Anhänger den Anfeuerungsruf
»Colo Colo ist Chile« einführten.

In politischer Hinsicht entwickelten die Mapuche ab
1910 eigene Aktivitäten und gründeten Interessenver-
bände. Ihr zentrales Problem war und blieb angesichts
der Abwanderung vieler junger Leute in die Städte das
Überleben in den Reduktionen, der Erhalt kultureller
Traditionen sowie die Abwehr der illegalen, aber von
den Autoritäten nicht geahndeten Usurpationen ihres
Landes durch die Siedler.

COLO·COLO

Neue Vereinnahmungen

Im politisch polarisierten Klima im Chile der 1960er-
Jahre schritten schließlich die zum Teil schon seit den
1920er-Jahren von linken Aktivisten radikalisierten und
organisierten Teile der Mapuche zunehmend zu gewaltsamen Landbesetzungen. Im Konzept der politischen
Linken sollten die Mapuche als ärmste und am stärksten
diskriminierte Gruppe innerhalb Chiles ein Eckpfeiler
des Aufbaus der sozialistischen Gesellschaft werden.
Für die Linke waren die Indios allerdings nicht als ethnische Minderheit in ihrer kulturellen Eigenart, sondern

lediglich als Symbol des vom Imperialismus und vom Kapitalismus unterdrückten chilenischen Proletariats interessant. Und aufgrund ihrer vielbeachteten Rolle unter der Unidad Popular wurden die Mapuche nach dem Putsch vom September 1973 Opfer einer besonders brutalen Verfolgung durch das chilenische Militär, das in der Araucanía kommunistische Widerstandsnester vermutete. Die Politik des Militärregimes hatte für die Indios schwerwiegende Folgen, denn die Agrarreform der Allende-Zeit wurde größtenteils wieder rückgängig gemacht und ein großes Areal an Konzerne der Tourismus-, Holz- und Energiewirtschaft verkauft.

Diese Maßnahmen provozierten allerdings nicht wie erwartet auch die Auflösung der ethnischen Identität der Mapuche, sondern stärkten den Willen zum Widerstand. Durch ihre Vorreiterrolle bei den Protesten waren die Mapuche von Beginn an logische Partner der sich formierenden demokratischen Opposition gegen die Diktatur und wurden von dieser in Anklang an den Mythos vom unbesiegbaren Araukaner als unbeugsame Demokraten dargestellt. Nach Wiederherstellung der Demokratie wurde 1993 ein neues Indiogesetz inkraftgesetzt, das erstmals die auf der Basis der ethnischen Zugehörigkeit definierten Forderungen der Indios anerkannte, das Verbot des Verkaufs von Ländereien an Nicht-Indios aussprach und mit der Corporación de

Desarrollo Indígena (CONADI) eine neue staatliche Behörde zum Schutz und zur Förderung schuf. Allerdings erfüllte das Gesetz nicht alle Wünsche der an der Vorbereitung beteiligten Mapuchevertreter. So unterblieb vor allem die Anerkennung der Mapuche als Volk mit eigener Geschichte und Kultur ebenso wie der Beitritt zur Konvention 169 der »International Labour Organization« (ILO) über die Rechte »eingeborener und in Stämmen lebender Völker in unabhängigen Ländern«.

Enteignungen und Zwangsumsiedlungen im Zuge von Industrieansiedlungen provozierten erneut heftige Proteste, und in der Folgezeit stellte die teils von Intellektuellen und Politikern, teils von international bekannten Mapuchepersönlichkeiten geführte Bewegung weitreichende Forderungen nach verfassungsmäßiger Anerkennung als Volk, nach weitgehender politischer und kultureller Autonomie und nach Rückgabe der okkupierten Gebiete. Der chilenische Staat hat die Forderungen in den 1990er-Jahren unter anderem mit dem Hinweis darauf zurückgewiesen, dass einige der Mapuche-Gruppierungen nur extremistische Minderheiten von »Verbrechern« und »Terroristen« repräsentierten, während viele andere Mapuche die Kooperation mit den transnationalen Konzernen als Ausweg aus der Armut ansehen. Zu Beginn des 21. Jahrhunderts haben die Auseinandersetzungen zwischen den radikalen Mapuche und den Energie- und Holzwirtschaftskonzernen um die grundsätzliche Frage der Eigentumsrechte des Landes wieder an Schärfe zugenommen. Dies steht im Zusammenhang mit der prinzipiellen Ablehnung ihrer rechtlichen Anerkennung als Volk, die sich aus dem traditionellen Verständnis der Einheit von Staat und Nation und der Absage an Multikulturalität und Multiethnizität herleitet.

Nationalsymbol und fremd zugleich

Im Zusammenhang mit den politischen Auseinandersetzungen haben sich in den chilenischen Städten, in denen heute der Großteil der Mapuche lebt, zahlreiche Organisationen formiert, deren oft noch junge Mitglieder die kulturellen Traditionen pflegen und durch die Präsentation von Tänzen und Zeremonien ein Problembewusstsein in der chilenischen Öffentlichkeit hervorrufen wollen, häufig jedoch nur belächelt und als Witzfiguren oder Esoteriksymbole instrumentalisiert werden. Andererseits entstand in den letzten Jahren nicht zuletzt aufgrund der Zusammenarbeit mit der von zahlreichen Nichtregierungsorganisationen geförderten globalen Bewegung der indigenen Völker in den linksliberalen Teilen der Öffentlichkeit ein neues Interesse an der indianischen Kultur. Gerade die ökologischen

Gruppierungen haben ihre Affinität zum Verhältnis der Mapuche gegenüber ihrer Umwelt entdeckt. Und wiederum ist die Gefahr einer Entgrenzung durch Vereinnahmung zu erkennen.

Einerseits gelten die Mapuche nach wie vor als integraler Bestandteil der nationalen Symbolik, und mit dem Slogan »Colo Colo ist Chile« wurde unlängst eine beeindruckende Solidaritätskampagne für den finanziell schwer angeschlagenen Fußballverein durchgeführt. Andererseits sind sie nach Meinung kritischer Kommentatoren »in politischer Hinsicht ohnmächtig, in sozialer Hinsicht diskriminiert und in wirtschaftlicher Hinsicht arm«. (...)

Die weiter existierenden Grenzen zwischen den Mapuche und der chilenischen Gesellschaft werden noch immer vor allem durch ihren trennenden Charakter sichtbar. Der vom Standpunkt der europäischen Erorberer und ihrer Nachfahren fremde Indio war in Chile von Beginn an alltäglich anwesend, und durch die ethnischen Mischprozesse ist er heute Teil (fast) aller Chilenen.

Dennoch ist es in Chile immer noch nicht »normal«, ein Indio zu sein, denn durch die Vorstellungen von »Normalität« und »Fremdheit« werden immer wieder neue Grenzen gezogen.

191

Der Lateinamerika Verein

Der Lateinamerika Verein e.V. (LAV) ist das Unternehmensnetzwerk und die Informationsplattform für die deutsche Wirtschaft mit Interessen an und in Lateinamerika. 1916 von Hamburger und Bremer Kaufleuten gegründet, liest sich das Mitgliederverzeichnis wie das Who is Who der in Lateinamerika aktiven deutschen Wirtschaft. Von der Alster aus engagiert man sich bundesweit und branchenübergreifend für die deutschen Wirtschaftsbeziehungen in Lateinamerika.

Der Lateinamerika Verein ist weit mehr als eines der zahllosen Netzwerke. Man kennt einander im Verein – wichtige Grundlage des vertrauensvollen Erfahrungsaustausches – und pflegt somit auch die persönliche Beziehung zu den Ländern Lateinamerikas, was nach wie vor die Basis einer guten Geschäftsverbindung ist.

So können die Mitglieder ein dichtes Netz aus Kontakten zu Wirtschaft und Politik nutzen, wenn sie Handels-, Kooperations- und Investitionsmöglichkeiten suchen, sei es während der regelmäßig stattfindenden Treffen und Wirtschaftstage oder bei den branchenbezogenen Unternehmerreisen in die Region.

Der LAV bringt seine Kompetenz – und die seiner Mitglieder – ein in die relevanten mikro- und makroökonomischen Diskussionen über die Region, und er ist ein fester Bestandteil der Lateinamerika-Initiative der deutschen Wirtschaft. Die Mitglieder sind Unternehmen und Einzelpersonen, vom mittelständischen Betrieb bis zum globalen Konzern. Sie kommen vor allem aus Deutschland, aber auch aus Lateinamerika. Zum Lateinamerika-Tag, dem wichtigsten Ereignis der deutsch-lateinamerikanischen Wirtschaftsbeziehungen, kommen neben Unternehmern auch Minister und Staatspräsidenten lateinamerikanischer Länder.

Mitgliedsunternehmen erhalten zudem individuelle Unterstützung für ihre Geschäftstätigkeit in und mit Lateinamerika. Zu diesem Service gehört auch die persönliche Beratung bei der Suche nach Handels-, Kooperations- und Investitionsmöglichkeiten. Die »Wirtschaftlichen Mitteilungen« halten die Mitglieder seit 60 Jahren auf dem Laufenden über Entwicklungen sowie Tendenzen in Wirtschaft und Politik und informieren über Unternehmens- und Branchenaktivitäten in der Region.

www.lateinamerikaverein.de

Das Lateinamerika-Institut der Freien Universität Berlin

Tango, Samba und Zuckerhut, Schuldenkrisen und Favelas, Diktaturen und Revolutionen, Erdöl und Pyramiden, Fußball und Literatur – realitätsgerechte Betrachtung und Mythologie sind oft schwer voneinander zu trennen, wenn es um Lateinamerika geht. Das gilt auch für die Wissenschaft. Methodologischer Nationalismus, institutionengebundene politische Analyse oder die Denkschablonen entwickelter Ökonomien sind kaum imstande, die soziale, kulturelle und politisch-ökonomische Realität lateinamerikanischer Länder zu erfassen, die in Zeiten der Globalisierung alles andere als weit weg sind. Und Prozesse globaler Vernetzung sowie die je lokale und regionale Entwicklungsdynamik sind nicht allein aus der Perspektive Westeuropas und der USA zu verstehen.

Das Lateinamerika-Institut (LAI) an der Freien Universität Berlin widmet sich seit seiner Gründung 1970 in Forschung und Lehre den politisch-ökonomischen Transformationsprozessen in Lateinamerika, erforscht seine Geschichte und Kultur und unterrichtet die Sprachen des Subkontinents – über Spanisch und Portugiesisch hinaus. Es ist das größte Institut seiner Art in Deutschland.

Geforscht wird über die gesellschaftlichen Veränderungen, die auch in Lateinamerika im Zuge der Globalisierung das Leben der Menschen beeinflussen, über das Spannungsverhältnis zwischen globalen und lokalen ökonomischen, sozialen und politischen Prozessen und über literarische und andere kulturelle Ausdrucksformen in Lateinamerika. Das Institut arbeitet interdisziplinär und in enger Kooperation mit Gelehrten und wissenschaftlichen Institutionen Lateinamerikas.

Am Lateinamerika-Institut sind folgende Disziplinen vertreten: Altamerikanistik, Brasilianistik, Geschichte, Lateinamerikanistik, Politische Wissenschaft, Soziologie und Wirtschaftswissenschaft.

www.lai.fu-berlin.de

Leseempfehlungen

Stefan Rinke et.al. (Hrsg.): Geschichte Lateinamerikas vom 19. bis zum 21. Jahrhundert: Quellenband, Stuttgart 2009

Klaus Stüwe und Stefan Rinke (Hrsg.): Die politischen Systeme in Nord- und Lateinamerika, Wiesbaden 2008

Boris Fausto: História do Brasil, São Paulo 2008

Stefan Rinke: Kleine Geschichte Chiles, München 2007

Sérgio Costa: Vom Nordatlantik zum »Black Atlantic«, Bielefeld 2007

Romeo Rey: Geschichte Lateinamerikas vom 20. Jahrhundert bis zur Gegenwart, München 2006

Walter D. Mignolo: The Idea of Latin America, Malden, Oxford, 2005

Charles C. Mann: 1491. New Revelations of the Americas before Columbus, New York 2005

Hans-Joachim König, Michael Riekenberg, Stefan Rinke (Hrsg.): Die Eroberung einer neuen Welt: Präkolumbische Kulturen, europäische Eroberung, Kolonialherrschaft, Schwalbach Ts. 2005

Gilberto Calcagnotto, Detlef Nolte (Hrsg.): Südamerika zwischen US-amerikanischer Hegemonie und brasilianischem Führungsanspruch. Konkurrenz und Kongruenz der Integrationsprozesse in den Amerikas, Madrid, Frankfurt 2002

Klaus Bodemer, Andrea Pagni, Peter Waldmann, (Hrsg.):
Argentinien heute. Politik, Wirtschaft, Kultur, Frankfurt, 2002
Ottmar Ette: Literatur in Bewegung. Raum und Dynamik grenzüberschreitenden Schreibens in Europa und Amerika, Weilerswist 2001

Links

www.lateinamerikaverein.de
Lateinamerika Verein e.V.
www.lai.fu-berlin.de/
Lateinamerika-Institut der Freien Universität Berlin
www1.lanic.utexas.edu/
Umfangreiches Lateinamerikaportal
www.latinobarometro.org/
Latinobarometer – Zahlen, Daten, Fakten
www.ahkbrasil.com
Deutsch-Brasilianische Industrie- und Handelskammern in São Paulo, Rio de Janeiro und Porto Alegre
www.ahkargentina.com
Deutsch-Argentinische Industrie- und Handelskammer
http://chile.ahk.de/
Deutsch-Chilenische Industrie- und Handelskammer

www.lufthansa.com
Lufthansa AG
www.hamburgsud.com/
Hamburg Südamerikanische Dampfschifffahrts-Gesellschaft KG
www.nkg.net/
Neumann Kaffee Gruppe
www.felsberg.com.br/
Felsberg e Associados
www.basf.com.br/
BASF S. A.
www.emasa.cl/
EMASA Equipos y Maquinaria S. A.

Was Sie außerdem lesen sollten:

Sascha Wisotzki
Sansibar
1000 Jahre Globalisierung
104 Seiten, ISBN 978-3-9811876-2-5
18,50 Euro

Susanne Weiss
Wissenschaft und Wirtschaft in der Globalisierung –
Regionalstudien in Deutschland
196 Seiten, ISBN 978-3-9811876-0-1
Broschur 24,50 Euro, Halbleinen 29,50 Euro

www.edition-weiss.de/programm.html

Gestalterische Konzeption, Satz und Herstellung
dakato…design_Tonja Heilmeyer & David Sernau

Zeichnungen
David Sernau

Gesetzt aus der
Weiss: Medium, Italic und Bold und der
Futura: Light, Demi und Bold

Umschlag
250 g Lesebo Design smooth naturell
80 g Alsterwerkdruck bläulichweiß 1,5-fach

Den Druck besorgte
die Buch- und Offsetdruckerei
H. Heenemann GmbH & Co. KG
Printed in Germany